CRISES FINANCEIRAS NA ECONOMIA MUNDIAL:
ALGUMAS REFLEXÕES SOBRE A HISTÓRIA RECENTE

CARLA GUAPO COSTA

CRISES FINANCEIRAS NA ECONOMIA MUNDIAL:
ALGUMAS REFLEXÕES SOBRE A HISTÓRIA RECENTE

**CRISES FINANCEIRAS NA ECONOMIA MUNDIAL:
ALGUMAS REFLEXÕES SOBRE A HISTÓRIA RECENTE**

AUTORA
CARLA GUAPO COSTA

EDITOR
EDIÇÕES ALMEDINA, SA
Av. Fernão Magalhães, n.º 584, 5.º Andar
3000-174 Coimbra
Tel.: 239 851 904
Fax: 239 851 901
www.almedina.net
editora@almedina.net

DESIGN DE CAPA
FBA

PRÉ-IMPRESSÃO | IMPRESSÃO | ACABAMENTO
G.C. – GRÁFICA DE COIMBRA, LDA.
Palheira – Assafarge
3001-453 Coimbra
producao@graficadecoimbra.pt

Novembro, 2010

DEPÓSITO LEGAL
318214/10

Os dados e as opiniões inseridos na presente publicação
são da exclusiva responsabilidade do(s) seu(s) autor(es).

Toda a reprodução desta obra, por fotocópia ou outro qualquer
processo, sem prévia autorização escrita do Editor, é ilícita
e passível de procedimento judicial contra o infractor.

Biblioteca Nacional de Portugal – Catalogação na Publicação

COSTA, Carla Guapo

Crises financeiras na economia mundial. – 4ª ed. – (Monografias)
ISBN 978-972-40-4333-3

CDU 338

À Leonor

"A Realidade
Sempre é mais ou menos
Do que nós queremos.
Só nós somos sempre
Iguais a nós próprios."

Odes de Ricardo Reis (1916)[1]

---

[1] Fernando Pessoa (Obra Poética; Volume II, p. 100, Círculo dos Leitores, 1986).

I
INTRODUÇÃO

A crise financeira e económica que abalou as estruturas da economia mundial ao longo dos últimos dois anos, não é semelhante a todas a que a precederam, mas será o somatório de todas a que a precederam. E tal constatação coloca-nos um conjunto de questões relacionadas com a análise das causas e consequências da crise (remotas e próximas), com a identificação dos actores, e, fundamentalmente, com as medidas, reguladoras e profiláticas, que devem ser empreendidas de modo a evitar novos acontecimentos do mesmo género.

É neste contexto que nos propomos apresentar algumas reflexões:

- Acreditamos que o sistema capitalista, apesar de sofrer uma das crises mais severas de sempre, evidencia uma substancial capacidade de se reinventar, pelo que urge determinar quais as condições necessárias para essa reinvenção. Destacamos a capacidade dos líderes políticos mundiais de definir, em conjunto, políticas públicas sustentáveis e contra-cíclicas, comportando mecanismos de estabilização e regulação.

- Mantemos a convicção de que as políticas públicas de combate à crise não podem ignorar as externalidades, negativas e positivas, que resultam da sua aplicação. A economia mista do pós-guerra foi gerida ao nível dos Estados, mantendo à distância a economia internacional. Ora, o avanço da globalização, nomeadamente financeira, tornou impossível a manutenção daquela postura. Torna-se imprescindível considerar a transição da versão nacional da economia mista para o seu equivalente global, o que significa, entre outros aspectos, um melhor equilíbrio entre os mercados e as suas instituições de apoio a um nível global.

- Julgamos vital alterar o enfoque da ciência económica actual, passando do desenvolvimento de modelos de base matemática, de equilíbrio parcial, que assumiam quase sempre as mesmas premissas, para a necessidade de considerar componentes fundamentais para a explicação do sistema económico e social, que terão agora de ser accionados para ajudar a resolver a crise actual e, principalmente, prevenir crises futuras.

Assim, as nossas reflexões seguem o seguinte percurso:

➤ Apresenta-se uma breve evolução histórica das principais crises financeiras que têm afectado a economia mundial, desde os finais do século XIX até à crise actual, relacionando essas crises com as modificações na estrutura das próprias relações económicas internacionais;

➤ Justifica-se a especificidade e importância do sistema financeiro para o funcionamento eficiente e sustentado da economia mundial, evidenciando as suas principais virtudes e fragilidades, principalmente num contexto de globalização intensiva;

➤ Apontam-se alguns dos factores de risco na evolução da economia mundial, que têm potenciado a eclosão e a propagação, cada vez mais rápida, dos efeitos das crises financeiras, transformando-as em crises económicas globais;

➤ Discute-se algumas das soluções propostas até à data, com destaque, para a reforma do papel das organizações económicas internacionais, a necessidade (ou não) de uma governança global, ou a resolução de alguns desajustamentos macroeconómicos globais.

Toda a discussão é gerida em torno de uma preocupação essencial: a de transmitir a ideia de que a crise actual, e as que a precederam, embora severas nas suas consequências e na sua abrangência, não derivam exclusivamente de disfuncionamentos dos sistemas financeiros (e, no caso do fenómeno do *subprime*), mas entroncam as suas origens no desenvolvimento e nas sucessivas alterações porque foi passando a economia mundial, condicionada e potenciada, em simultâneo, pelo processo de globalização e pela (re)configuração constante das estratégias de actuação de novos e tradicionais actores das relações económicas internacionais, sendo de destacar alguns factores que contribuem decisivamente para a instabilidade do sistema financeiro, a nível nacional e na sua dimensão internacional (Spero e Hart, 2009; Strange, 1995).

Refira-se, finalmente, que o texto abaixo reproduzido resulta parcialmente da preparação de uma Lição de Síntese, apresentada em Novembro de 2009, como requisito para a obtenção do grau de Agregada em Relações Económicas Internacionais, no Instituto Superior de Ciências Sociais e Políticas.

Lisboa, Junho de 2010

Carla Guapo Costa

II
MODIFICAÇÕES NA ECONOMIA MUNDIAL

"*Eppure se muove...*" (atribuído a Galileo Galilei, 1633, a propósito do movimento de rotação do globo terrestre).

"*Todo o mundo é composto de mudança, tomando sempre novas qualidades*"[2]

II.1. *Age(s) of Turbulence*[3]

O século XX ficou marcado por importantes transformações na estrutura da economia internacional. O ambiente em que as empresas operam sofreu alterações consideráveis, destacando-se a globalização dos mercados e sobressaindo as alterações nas tecnologias de informação e telecomunicações, a redução das distâncias e dos custos do transporte e a liberalização comercial. Ainda, assistiu-se à presença crescente, como grandes *players* económicos mundiais, das empresas transnacionais (ETN), que operam como sistemas de produção integrados, apoiados na mobilidade, praticamente sem restrições, do capital, em direcção à estandardização dos modelos de desenvolvimento. Ao mesmo tempo, permanecem as restrições à circulação do factor trabalho, com excepção de algumas iniciativas regionais, como é o caso do Acordo de Schengen, no contexto do processo de integração económica na Europa.

---

[2] Luís de Camões, Soneto 24, p. 164, *Lírica*, Edição de Lobo Soropita (1595), Círculo dos Leitores, 1984.
[3] Título adaptado da polémica obra de Alan Greenspan, *Age of Turbulence*, Ed. Penguin Press HC (2008), Presidente da Reserva Federal norte-americana entre 1987 e 2006.

Depois das convulsões do período entre Guerras e da devastação provocada pela Grande Depressão dos anos 1930, as principais economias mundiais têm, após a Segunda Guerra Mundial, funcionado em estreita interdependência graças à livre circulação de capitais e às trocas comerciais crescentemente liberalizadas. A par disso, temos assistido ao crescimento de países ricos em recursos naturais e de países exportadores de produtos de tecnologia *standard*, de grande consumo mundial, que, alimentando o consumo privado das economias industrializadas tradicionais, lhes proporcionam fortíssimos excedentes comerciais, também mercê de moedas cuidadosamente geridas na cena internacional (Spero e Hart, 2009; Cohn, 2008).

Este tríptico de actores acima referido (países com recursos naturais e energéticos, países de forte pendor exportador e países de industrialização madura) tem potenciado o crescimento global à custa de desequilíbrios macroeconómicos, potenciados, igualmente, pela globalização da economia mundial. Os países emergentes, graças às elevadas taxas de poupança e políticas monetárias restritivas, acumularam reservas cambiais maciças. O mesmo aconteceu com os países detentores de recursos naturais e energéticos fundamentais para o crescimento, que têm conseguido criar liquidez para investir nos mercados internacionais. E os países mais desenvolvidos, com os EUA em destaque absoluto, têm correspondido, absorvendo a poupança excedentária dos primeiros, em troca de um elevadíssimo crescimento do consumo interno, cujas contrapartidas se traduzem, naturalmente, no agravamento sistemático dos défices correntes, contribuindo para a instabilidade do mercado global.

Por outro lado, a falta de confiança nos mercados e na solvabilidade dos bancos gerou um risco sistémico que paralisou o mercado interbancário. Por isso, vários países se viram forçados a garantir o bom funcionamento dos mercados através de nacionalizações directas ou indirectas, visando resolver o problema da solvabilidade e liquidez das instituições. E, nos tempos mais recentes, é de registar o extraordinário desenvolvimento da engenharia financeira, com a criação contínua de novos instrumentos de diversificação, teórica, de risco e de rentabilidades potencialmente exorbitantes, apoiadas no progresso das tecnologias de informação, que contribuíram para o agravamento dos efeitos da crise financeira actual. Fundamentalmente, exigem-se novas abordagens para gerir a complexidade crescente das instituições e produtos financeiros, e assegurar a sua regulação.

Na verdade, a turbulência económica e financeira que está a convulsionar os mercados mundiais marca, de forma indelével, a primeira crise da fase actual do processo de globalização. É verdade que os países e regiões afectados já acumularam uma experiência considerável ao longo dos tempos em crises financeiras, que poderiam indiciar alguma sabedoria e prudência nas medidas de política económica. Mas todas essas crises e, com uma frequência estonteante, como refere Wolf (2008), foram crises localizadas, que assolaram, embora com consequências dramáticas, países ou regiões, individualmente, sem se disseminarem pela actividade económica mundial.

E a única experiência verdadeiramente global, a experiência dos anos 1930 do século XX, acaba, neste contexto, por se revelar particularmente assustadora, porque os governos envolvidos e as medidas de política económica empreendidas na altura mostraram-se incapazes de preservar a integração económica mundial e, fundamentalmente, de incentivar à tomada de medidas cooperativas a nível mundial (Pisany-Ferry e Santos, 2009).

Já antes desta crise, e apesar da economia global começar a aparentar sinais de recuperação, o processo de globalização passava por alguns desafios significativos, pois, apesar das condições económicas serem, a nível global, extremamente favoráveis, nem todos os cidadãos, países ou regiões beneficiaram das vantagens do livre comércio ou da liberalização dos movimentos de capital e de trabalho. Actualmente, a crise é, indiscutivelmente, global, e as respostas nacionais adoptadas, ou em vias de o ser, têm vindo a remodelar a economia global e a alterar a relação de forças entre as dinâmicas política e económica que interagem no contexto do processo de globalização (Eichengreen, 2009).

Os *drivers* desta última vaga de globalização (mercados abertos e liberalizados, uma cadeia de oferta global, empresas mundialmente integradas e propriedade privada dos meios de produção) estão em fase de desaceleração e o espírito do proteccionismo está a ressurgir, de forma preocupante, pelo mundo inteiro. E mesmo as grandes empresas globais estão a recuperar as suas raízes nacionais (Angeloni, 2008).

Basicamente, os decisores políticos não encontraram, ainda, uma forma eficaz de resolver a ocorrência cíclica de irregularidades no crescimento económico. Como refere Krugman (2008), há mais de dez anos que deveríamos ter ficado alerta para a eventualidade destes acontecimentos.

O Japão, o grande motor do crescimento económico da região da Ásia-Pacífico na década de 1960, passou a maior parte da década de 1990 numa armadilha económica que já tinha sido prevista no tempo de Keynes. As mais pequenas economias asiáticas, pelo contrário, passaram do *boom* para a calamidade, numa repetição quase exacta da história financeira dos anos 1930.

E se há quase um século atrás, as grandes economias avançadas, como, por exemplo, o Reino Unido nos anos 1920, poderiam não ter encontrado uma resposta para períodos prolongados de estagnação e deflação, entre John Keynes e Milton Friedman, pensávamos que já sabíamos o suficiente para evitar que tais flagelos acontecessem novamente (Krugman, 2008).

Os governos, como o dos EUA nos anos 1930, podem não ter tido meios ou discernimento para evitar o colapso do sistema bancário na altura; mas no mundo moderno, os seguros de depósito e a prontidão dos bancos centrais para injectar liquidez nas instituições ameaçadas deviam prevenir tais acontecimentos. Ninguém teria esperado que os acontecimentos da década de 1930 se repetissem.

Ainda em 2003, numa conferência proferida na Universidade de Chicago, Robert Lucas, Prémio Nobel da Economia em 1995, referia enfaticamente:

*"Macroeconomics was born as a distinct field in the 1940s, as a part of the intellectual response to the Great Depression. The term then referred to the body of knowledge and expertise that we hoped would prevent the recurrence of that economic disaster. **My thesis in this lecture is that macroeconomics in this original sense has succeeded: Its central problem of depression-prevention has been solved, for all practical purposes, and has in fact been solved for many decades.**"*

Na verdade, Lucas (2003) não defendeu exactamente que o ciclo económico (ou o ciclo de negócios), a alternância irregular de períodos recessivos e expansivos que duram há mais de século e meio, tinha terminado. Mas declarou que o ciclo tinha sido domesticado, ao ponto dos benefícios de um domínio adicional serem triviais, em termos de ganhos de bem-estar. Assim, era melhor investir os recursos com vista ao crescimento económico de longo prazo. E Lucas não era o único: um ano mais tarde, Ben Bernanke, que viria a ser pouco tempo depois Presidente da Reserva Federal (FED), proferiu uma conferência intitulada " *The Great Moderation*", em que defendia que a moderna política macroeconómica tinha resolvido o problema dos ciclos económicos, que tinha transformado a sua resolução em algo trivial. (*Remarks by Governor Ben S. Bernanke at the Meetings of the Eastern Economic Association, Washington, DC, February 20, 2004*).

Como tentaremos demonstrar, ao longo do texto, as modificações nas relações económicas internacionais, aliadas à instabilidade inerente dos sistemas financeiros das economias de mercado globalizadas, contribuíram substancialmente para a ocorrência sistemática das crises financeiras ao longo do século XX, evidenciando que as soluções definidas em determinado contexto histórico deixam de resultar com as transformações naturais da economia mundial, num contexto de globalização.

II.2. O Capitalismo Global: 1850-1914

A economia internacional clássica do final do século XIX e do início do século XX (entre 1850 e 1914, aproximadamente) era extraordinariamente integrada, em todas as dimensões possíveis, desde os movimentos ou de capitais, bens, ou pessoas, até à informação que circulava sem restrições ou a eficácia do transporte de longa distância. Efectivamente, o nível de integração internacional estava próximo do que viríamos a ter nos últimos 25 ou 30 anos da nossa história (Frieden, 2006).

Para além de tudo isso, existia o padrão-ouro, uma ordem monetária que virtualmente ligava todos os países do mundo[4], onde todas as moedas nacionais eram convertíveis a uma taxa fixa (Eichengreen, 2008). Durante o período que mediou entre o fim do Mercantilismo e a Primeira Guerra Mundial, a economia mundial esteve relativamente integrada através das finanças e do comércio. Banca, companhias de seguros, firmas especializadas em importação e exportação, e bolsas de valores estavam todos localizados em Londres, que funcionava como centro da economia mundial (Gilpin, 1987). O banco central britânico desempenhava, de forma eficaz, o papel de *Lender of Last Resort* (*Emprestador de Última Instância*). Quando um país registava um défice na sua balança de pagamentos, pedia emprestado ao banco central britânico, para poder compensar a redução

---

[4] No início de 1900, apenas dois países com significado na ordem económica mundial (a China e a Pérsia) não faziam parte do padrão-ouro.

das respectivas reservas de ouro. Quando o Reino Unido estava a perder ouro, o banco central britânico pedia emprestado ao mundo inteiro (Eichengreen, 2009).

Como refere Maddison (2006), o capitalismo era verdadeiramente global.

Naturalmente, existiam problemas e tensões, relacionadas com a transformação das relações económicas internacionais, e que vão desde a ascensão de novas potências económicas e militares até à expansão colonial europeia, norte-americana e japonesa, que ameaçaram a soberania e o sentido de identidade nacional em grande parte do mundo em desenvolvimento. Os conflitos étnicos estalaram nos Balcãs e no Médio Oriente, começando a aparecer as primeiras manifestações de anti-globalização, com os movimentos contra o comércio livre no Reino Unido, contra o padrão-ouro nos EUA, e contra os imigrantes em todo o lado, à medida que os produtos mais baratos provenientes dos países menos desenvolvidos começavam a inundar os países mais ricos, ameaçando os empregos e o padrão de vida de milhões de pessoas. Em suma, existia uma plêiade de problemas políticos e sócio-económicos (Hobsbawn, 1994). No entanto, uma retrospectiva da economia mundial antes de 1914, teria de concluir que o sistema funcionava de forma notável, já que a integração económica, praticamente sem barreiras, contribuía para o crescimento, a estabilidade macroeconómica e para a convergência de vários países, com destaque para a Austrália, Canadá ou o Cone Sul da América Latina, que, sendo pobres nas décadas de 1860 e 1870, ultrapassavam vários países da Europa Ocidental no início de 1900 (Hobsbawn, 1994).

E, porém, tudo se desmoronou rapidamente em 1914. Numa primeira fase, os líderes económicos e políticos mundiais pensaram que o problema se devia à devastação e desordem causadas pela guerra, e que no pós-guerra tudo se iria compor. Mas, como é sabido, passaram os próximos 20 anos a tentar recuperar o pré-1914, sem grande sucesso. A economia existente anteriormente não pôde ser recuperada, acabando o século XX por ser um período fértil em conflitos económicos, políticos, intelectuais e militares. Como refere Frieden (2006), era o fim da primeira era da globalização. Paradoxalmente, tratou-se de um período fértil em inovações tecnológicas (automóvel, fonógrafo, as viagens aéreas) e de aumento do consumo em massa no mundo industrializado. O crescimento económico também foi consideravelmente acelerado, ao longo dos anos 1920, até à eclosão da crise de 1929: os *Roaring Twenties*, nos EUA; a *Dança dos Milhões*, na América Latina, a *Era Baldwin*, no Reino Unido, a *República de Weimar*, na Alemanha (Frieden, e Lake, 1999).

Na realidade, as fragilidades subjacentes na ordem económica internacional após 1918 eram políticas, sendo um dos problemas o conflito político internacional. Os EUA eram, em 1918, a maior e mais importante economia do mundo: o maior parceiro comercial, o maior emprestador, o mais importante centro financeiro e investidor internacional. No entanto, o governo dos EUA, dominado por isolacionistas, retirou-se da política internacional depois de 1920. Para além disso, a continuação da rivalidade franco-germânica na frente diplomática (depois dos confrontos da Guerra) também constituía um problema sério, já que a cooperação entre os dois tinha funcionado como um dos sustentáculos da economia pré-1914, ajudando ao desenvolvimento do comércio mundial e do padrão-ouro. A continuação da guerra por meios económicos em 1920 e 1930 tornou a cooperação internacional muito difícil (Eichengreen, 1992, 2008).

Os problemas políticos internacionais foram fonte de substanciais tensões para a economia política do pós-guerra, mas igualmente preocupantes foram as medidas e os conflitos na política interna. Na opinião de Frieden (2006), estes problemas foram, em grande medida, responsáveis pelo descalabro da ordem económica e política internacional da altura.

II.3. As Premissas do Padrão-Ouro

A economia internacional clássica do padrão-ouro repousava num consenso entre as elites participantes, que defendiam a prioridade a atribuir aos compromissos internacionais. Em quase todos os países, em todo o período em análise, os líderes políticos e económicos necessitavam de assegurar que as suas economias iriam ajustar-se rapidamente à modificação das condições económicas internacionais, em vez de se verificar o contrário (Kindleberger, 1986).

A contrapartida desse ajustamento significava, em regra, permitir, ou mesmo forçar, que os preços, salários, e lucros descessem em resposta a choques adversos ou deterioração dos termos de troca. Durante o padrão--ouro, os salários e preços eram extremamente flexíveis, pelo que não era inaudito existir uma quebra generalizada de 30% ou 40% ao longo de determinado período, geralmente três anos (Eichengreen, 1992).

Este tipo de mecanismo, baseado numa enorme flexibilidade dos preços e dos salários, era sustentável por razões económicas e políticas. Economicamente, todas as sociedades industriais eram dominadas por pequenas empresas, pequenas quintas e trabalho atomístico e não organizado. Os mercados de bens e de factores eram muito competitivos, pelo que as economias funcionavam de forma flexível. Quando a procura caía e o desemprego subia, os preços e os salários desciam.

Politicamente, muitas destas sociedades eram governadas por decisores políticos que não prestavam muita atenção aos custos do ajustamento, já que vários sistemas políticos pré-1914 não eram, de todo, democráticos, os sindicatos eram reprimidos ou mesmo ilegais, os empresários dispersos, pelo que a pressão da sociedade civil era muito ténue. Em suma, os choques de ajustamento requeridos pelo sistema do padrão-ouro eram relativamente pouco problemáticos.

No entanto, em 1920, já não existiam as condições políticas nem económicas para fazer funcionar esses mecanismos de ajustamento (Hobsbawn, 1994). Do ponto de vista económico, em 1920, a maior parte das sociedades industriais estava dominada por grandes empresas e movimentos sindicais, que defendiam, com sucesso, o direito à negociação colectiva. Enquanto antes de 1914, capital e trabalho tinham actuado como *price-takers*, a partir de 1920, conseguiam actuar como *price-makers*, podendo contrariar o funcionamento das forças de mercado, e, principalmente, impedindo os ajustamentos macroeconómicos que tinham tido êxito na altura do padrão-ouro (Kindleberger, 1986).

Alterações semelhantes tinham sido verificadas também na arena política, já que a democracia tinha substituído os regimes autoritários em grande parte dos países europeus, e os movimentos sindicais estavam representados por grandes partidos socialistas e comunistas, cujo grau de exigência era, naturalmente, maior. Estas mudanças económicas e políticas significaram, naturalmente, que os salários e preços se tornaram muito mais rígidos à descida, dificultando o ajustamento (Eichengreen, 2008).

Em suma, a primeira fase da globalização resultou porque era económica e politicamente sustentável aos governos fazer o que fosse necessário para honrar os seus compromissos económicos internacionais. Essa fase não foi restaurada após a I Grande Guerra porque estas condições já não existiam.

Como referiu na altura Keynes, teria sido extremamente perigoso aplicar os princípios de um regime económico, que tinha sido concebido para funcionar na hipótese do *laissez faire* e da livre concorrência, a uma sociedade que rapidamente abandonava estas premissas (Frieden, 2006). Naturalmente, a orientação tomada foi outra, como ilustram as famosas palavras alegadamente atribuídas a Andrew Mellon, Secretário do Tesouro do Presidente norte-americano Herbert Hoover:

> "*Liquidate labour, liquidate stocks, liquidate the farmers, liquidate real estate (...) purge the rottenness out of the system.*"[5]

II.4. As Virtudes e os Vícios do Sistema de Bretton Woods

Apesar dos avisos de Keynes e de outros, as respostas foram muito ténues, e o resultado, de alguma forma, foi a devastação que se seguiu. Nos anos 1930, a seguir à Grande Depressão, começaram a emergir novas formas de governo, que prenunciam o estado social-democrata do bem estar, envolvendo um compromisso entre o mercado e um sólido sistema de segurança social. Este compromisso, patente nos países escandinavos e no *New Deal* americano, tornou-se a componente central da organização social e económica do mundo industrializado depois da I Grande Guerra. E a emergência do sistema de Bretton Woods traduziu a extensão e expansão do modelo à economia mundial (Costa, 2000; Coates, 2001).

Efectivamente, o Acordo de Bretton Woods reflecte este compromisso sob vários pontos de vista, nomeadamente na dimensão económica. Muitos aspectos relevantes para a integração económica foram parciais ou fortemente mitigados, já que o comércio foi liberalizado, mas apenas parcialmente (só nos produtos industriais, já que a agricultura e os serviços ficaram de fora), e com muitas cláusulas de excepção. O investimento internacional foi encorajado, mas as restrições sobre os movimentos de capitais eram constantes. O sistema monetário de Bretton Woods era exemplar como demonstração do compromisso: existia ouro para suportar a moeda, mas apenas para o dólar; as taxas de câmbio eram fixas, mas ajustáveis, se necessário (com excepção do dólar); a integração financeira

---

[5] Em *The World in Depression: 1929-1933*, Charles P. Kindleberger (1986), University of California Press, p. 119 (a partir de *The Memoirs of Herbert Hoover*, vol. 3, p. 30).

era incentivada, mas os controlos sobre os movimentos de capitais eram universais (Cohn, 2008).

Este sistema funcionou de forma relativamente eficaz, mas porque não colocou em prática as suas premissas de base, pelo menos até final da década de 1950, ao mesmo tempo que a economia mundial experimentava o mais rápido e estável período de crescimento económico sustentado da história (*Os Trinta Gloriosos Anos*). No entanto, este sucesso continha também as raízes da destruição do sistema. O avanço gradual da integração dos mercados permitiu a abertura dos mesmos, o que revelou as dificuldades crescentes em suster o gradualismo e o compromisso (Frieden e Lake, 1999).

O sistema monetário era testemunha do dilema: a estabilidade do dólar encorajava os investidores internacionais a expandir as suas actividades financeiras além-fronteiras, aumentando a integração dos mercados financeiros, o que, por sua vez, começou a minar os controlos sobre os fluxos internacionais de capitais, imprescindíveis para que um sistema, baseado no dólar e com paridades cambiais fixas-ajustáveis, pudesse funcionar de forma eficaz e equilibrada. Essa integração também interferiu com a capacidade dos governos nacionais em implementar políticas macroeconómicas que respondessem às respectivas realidades e necessidades (Gilpin, 1987).

Em suma, as contradições entre mercados financeiros crescentemente integrados ao nível mundial e o desejo constante dos governos nacionais em manter a autonomia na definição das políticas monetárias, causou o fim do sistema de Bretton Woods (Frieden, 2006; Eichengreen, 2008).

O desmoronamento do sistema de Bretton Woods foi acompanhado de tempos muito difíceis para a economia mundial, com destaque para a estagflação (a combinação de baixas taxas de crescimento económico e de desemprego massivo), tornando as décadas de 1970 e 1980 extremamente problemáticas para o contexto político e económico internacional, associadas também à ascensão do nacionalismo económico, dos cartéis ligados às *commodities* (com destaque natural para o petróleo e as duas grandes crises que marcaram a década de 1970), e as exigências do Terceiro Mundo para a emergência de uma Nova Ordem Económica Internacional (Gilpin, 1987).

Efectivamente, o abandono do sistema de Bretton Woods, na década de 1970, marcou o início de uma nova economia global, com taxas de câmbios estáveis, embora flutuantes, entre as principais economias do mundo. Mas após uma década de conflito, as disputas políticas começaram a resolver-se, traduzindo a mudança no ritmo da política económica, com a aplicação de políticas monetárias restritivas nos países mais desenvolvidos (o *Choque Volcker*), com consequências a nível do aumento das taxas de juro mundiais e a emergência da crise da dívida para os países endividados. Em simultâneo, assistiu-se a uma multiplicação de medidas tendentes à desregulamentação, privatização e redução da intervenção do Estado na vida económica (destaque para o par *Reagan-Thatcher* e a emergência da *supply side economics*) (Maddison, 2006).

Em meados dos anos 1980, no entanto, o sonho liberal de expansão da economia mundial organizada em torno de um mercado auto-regulador, estava praticamente destroçado. No final dos anos 1970, o novo fenómeno da estagflação tinha substituído o galopante crescimento económico que marcara as décadas anteriores. As sucessivas rondas de liberalização comercial estavam a sofrer uma erosão sustentada provocada pela disseminação das barreiras não tarifárias e as várias formas de proteccionismo económico; o sistema monetário internacional estava num estado de desordem total; a estabilidade financeira global estava a ser ameaçada pelo dramático problema da dívida por parte das economias menos desenvolvidas.

Na verdade, a crise da dívida externa dos países em desenvolvimento, denominada em dólares, na sequência da valorização do mesmo e da subida das taxas de juro na sequência do *Choque Volcker*, constituiu uma abrupta chamada de alerta para os devedores e credores, que se aperceberam, de repente, que muitos empréstimos nunca poderiam ser pagos. O Fundo Monetário Internacional (FMI) iniciou, de imediato, uma acção fiscalizadora, no sentido de prevenir o incumprimento por parte dos países devedores, através da implementação de programas de ajustamento estrutural draconianos, com consequências devastadora sobre as condições de vida dos países mais desfavorecidos. Os programas definidos e implementados pelo FMI, denominados de *Ajustamento Estrutural*, traduziam-se, quase sempre, numa receita única: redução da inflação e dos gastos públicos; retirada do Estado na actividade económica, privatização de unidades empresariais, liberalização comercial e desregulamentação, em nítido contraste com as políticas keynesianas que tinham prevalecido até aos anos 1980. Esta nova orientação neoliberal, denominada *Consenso de Washington*, para traduzir os interesses norte-americanos, tornou-se o paradigma do Neoliberalismo, que marcou toda a década de 1980 e grande parte dos anos 1990 (Woods, 2008).

Em 1985, grande parte dos dirigentes dos países em desenvolvimento começaram a trocar as estratégias nacionalistas de substituição das importações por estratégias agressivas de conquista dos mercados externos por via das exportações, em grande parte emulando o modelo dos *Tigres Asiáticos*. Uma onda de liberalização comercial e privatizações varria o mundo em desenvolvimento, pelo que no início dos anos 1990, havia um compromisso mundial em direcção à integração económica mundial, potenciado pela conclusão do *Uruguay Round*, e a consequente criação da Organização Mundial de Comércio (OMC), em 1995.

Os anos 1990 trouxeram, também, o desmoronamento do bloco soviético e o final da Guerra Fria, e o desafio de integrar um conjunto de países da Europa Central e Oriental, e a própria Rússia, no sistema económico de mercado. O FMI e o Banco Mundial envolveram-se profundamente no processo, indo, no entanto, para além do *Consenso de Washington*. As palavras de ordem passavam, quase sempre, pelas práticas de condicionalidade e de boa governança. No entanto, muitos pensaram que a condicionalidade foi demasiado longe, com a eclosão da crise asiática, em 1997, que levou o FMI a impor medidas draconianas a várias economias da região. Nos anos subsequentes, a consequência de tais medidas foi a quebra brutal da importância do FMI como emprestador e conselheiro de política económica a nível mundial.

Na primeira década do século XXI, verificou-se uma mudança no poder económico global[6]. A relação de forças na economia mundial está, efectivamente, a mudar. A China e a Índia estão entre as dez maiores economias do mundo, sendo a primeira o maior credor internacional dos EUA. Por outro lado, o aumento no consumo de energia levou ao aumento do poder dos países fornecedores, como é o caso da Venezuela, despoletando uma nova retórica de Terceiro Mundismo, que remonta aos anos de 1970, e apelando à modificação da representatividade dos países em desenvolvimento nas instituições internacionais e do comportamento destas últimas perante a ocorrência de eventos que ponham em causa a estabilidade do sistema económico mundial (Gilpin e Gilpin, 2001).

---

[6] Em Setembro de 2003, durante as negociações comerciais multilaterais, em Cancún, um grupo de 20 países (incluindo Brasil, África do Sul, Índia e China) resistiu ao poder dos EUA e da União Europeia e recusou concluir as negociações, a não ser que algumas das suas reivindicações fossem atendidas. Em 2006, no seio do FMI e do Banco Mundial, verificou-se um desvio do poder de voto a favor da China, México, Turquia e Coreia.

Em síntese, o século XXI está a trazer um conjunto de questões muito sérias não só na gestão dos novos desafios que afectam a economia global, mas também na gestão do poder entre os Estados, assumindo, naturalmente, estas temáticas uma maior e mais significativa importância nos tempos conturbados que actualmente atravessamos (Frieden, 2006).

O futuro do capitalismo global

As lições da história raramente são simples. Mas existem algumas coisas que podemos aprender da experiência do século passado, especialmente da primeira fase da globalização, como ela emergiu e entrou em declínio.

Os novos regimes que emergiram dos destroços da ordem clássica do pré-1914 tomaram uma direcção errada, já que ignoraram na altura os potenciais benefícios da globalização, dando origem a movimentos com consequências terríveis, como as autarcias fascistas ou o nacionalismo económico comunista e terceiro mundista.

À medida que o século avançava, o problema central acabou por ser como e se restaurar a integração económica internacional. As experiências anteriores trouxeram duas lições importantes: por um lado, os que ignoraram os custos, as tensões e os perdedores da globalização levaram as suas sociedades à beira do desastre e contribuíram para o colapso da economia política do período inter-guerras. Por outro lado, os que ignoraram os benefícios da integração da economia mundial também seguiram caminhos igualmente desastrosos.

No rescaldo da II Guerra Mundial os governos comprometeram-se a prestar atenção a estes custos e tensões, e foram capazes de engendrar uma reconstrução gradual da economia global.

Os compromissos entre o globalismo e o nacionalismo, e entre a reforma social e o mercado, permitiram às economias ocidentais crescer rapidamente e de forma estável depois da II Grande Guerra. Mas esses compromissos erodiram à medida que as economias se foram tornando cada vez mais integradas, especialmente depois dos países em desenvolvimento e das economias de planeamento central se juntarem à ordem económica internacional.

III
A IMPORTÂNCIA DOS SISTEMAS FINANCEIROS

"A ascensão do dinheiro constitui, essencialmente, a ascensão do homem."[7]

III.1. A Importância do Sistema Financeiro para a Actividade Económica

Uma das mais impressionantes características da economia mundial das últimas décadas tem sido a galopante importância do valor acrescentado gerado pelo sector financeiro para o conjunto da actividade económica, em, praticamente, todas as economias, com destaque, naturalmente, para as economias mais desenvolvidas e para as denominadas economias emergentes. Em 1947, o total do valor acrescentado pelo sector financeiro ao PIB norte-americano foi de 2,3%; em 2005, essa contribuição quase atingia 8%, ultrapassando mesmo 9% do PIB na economia britânica (Ferguson, 2009).

O valor total dos activos financeiros mundiais atingiu, em 2007, 196 biliões de dólares, registando um aumento de 18% face ao ano anterior[8], o que representa a impressionante proporção de 359% do PIB mundial (MGI, 2008a). Reflectindo a abrangência do crescimento da dimensão financeira face à economia real, é de destacar que em 2000, apenas 11 países evidenciavam um peso do sector financeiro no PIB superior a 350%,

---

[7] Retirado de *"A Ascensão do Dinheiro: Uma História Financeira do Mundo"*, p. 10, de Niall Ferguson, Editora Civilização, 2009.

[8] Mesmo considerando a desvalorização do dólar, o crescimento do valor dos activos financeiros teria atingido os 12% face a 2006 (MGI, 2008a).

enquanto, em 2007, 25 países registam idêntico comportamento, com destaque para as economias emergentes. O mercado financeiro chinês ultrapassou os de países como o Reino Unido, a França ou a Alemanha, ocupando, em 2007, a terceira posição a nível mundial, depois dos EUA e do Japão (MGI, 2008a).

Ferguson (2009) refere mesmo que a importância do sector financeiro na actividade económica é tão significativa que a evolução dos mecanismos que lhe subjazem assume uma relevância tão grande como a de qualquer inovação tecnológica na ascensão da civilização, da Babilónia a Hong-Kong.

Como refere o autor, os bancos e os mercados obrigacionistas proporcionaram as bases materiais para o Renascimento italiano, o financiamento das empresas constituiu um elemento indispensável para a expansão dos Impérios britânico e holandês, e o desenvolvimento dos mercados de crédito, de finanças hipotecárias e de seguros esteve na base da ascensão norte-americana no século XX.

Nos últimos 25 anos, a intensificação do processo de globalização financeira contribuiu substancialmente para o atenuar das diferenças entre os tradicionais mercados desenvolvidos e os emergentes, transformando a China no *Banqueiro da América* (Ferguson, 2009) e consubstanciando uma importante mudança histórica.

A questão fundamental é que a actividade financeira se tornou, indiscutivelmente, o cérebro da economia de mercado, e, como todos os cérebros, sujeita a enfermidades, nomeadamente a furiosas oscilações de humor, da euforia ao pânico (Kindlberger e Aliber, 2005). Por isso, a história das finanças globais, praticamente desde 1980, tem sido uma história de crises financeiras, consideravelmente onerosas, para os contribuintes e para a economia no seu conjunto.

Na verdade, a evidência empírica e os estudos disponíveis demonstram que o sistema financeiro apresenta uma fragilidade crescente. Eichengreen e Bordo (2002) identificam 139 crises financeiras entre 1973 e 1997, sendo que 44 delas ocorreram em países de elevado rendimento, contra um total de apenas 38 crises do mesmo género entre 1945 e 1971, concluindo que as crises têm uma probabilidade de ocorrência duas vezes superior àquela que acontecia antes de 1914. Caprio e Klingebiel (2003) registaram 27 crises nos últimos 25 anos, com custos orçamentais que excederam 10% do PIB, afectando maioritariamente as economias emergentes, mas sem deixar de fazer sentir os seus efeitos nas economias mais desenvolvidas.

Efectivamente, como refere Wolf (2008), o sistema financeiro actua como um dos principais *drivers* das economias de mercado, sofisticadas, globalizadas e dinâmicas, já que, entre outras funções, permite a transferência de recursos entre agentes económicos, possibilitando que certos agentes com capacidade empreendedora mas sem recursos, possam constituir empresas e lançar novos negócios com os fundos providenciados por outros agentes. Nesta perspectiva, os sistemas financeiros servem para distribuir riqueza, e conferem aos indivíduos maior liberdade e segurança, proporcionando às economias dinamismo e flexibilidade.

Naturalmente, quanto mais flexível for o sistema financeiro, maior a eficácia da respectiva economia, pois será agilizada a transferência de recursos de quem os tem, mas não consegue desenvolver a produtividade dos mesmos, para agentes criativos, mas que não dispunham de financiamento para os respectivos projectos.

O grande problema dos sistemas financeiros é que assentam, na prática, num conjunto de promessas, que, pela sua própria natureza, podem não ser cumpridas. E, principalmente, os destinatários dessas promessas sabem que as mesmas podem ser violadas. Efectivamente, as transacções financeiras são, na sua essência, um conjunto de promessas que os agentes económicos fazem mutuamente. Estamos dispostos a entregar o nosso dinheiro a um banco, ou outra instituição financeira, que nos promete devolver quando nós o entendermos; podemos, igualmente, investir numa empresa, que nos promete uma parcela dos seus lucros futuros; os fundos de pensões prometem um fluxo de rendimento durante a nossa reforma; os seguros de vida garantem o pagamento de determinada importância na eventualidade da morte da pessoa segura. E poderíamos continuar indefinidamente, pois os exemplos da crescente intermediação financeira que caracteriza as sociedades actuais são, virtualmente, intermináveis (Angeloni, 2008).

Essa característica torna os sistemas financeiros vulneráveis às mudanças de expectativas sobre um futuro incerto, e essa incerteza tende a ser maior quando as promessas transpõem fronteiras, ou quando os compromissos assumidos envolvem agentes de diferentes nacionalidades.

Neste contexto, o papel do governo assume uma importância fundamental, já que mesmo quando não são os promitentes, podem fornecer fundos e capitais às instituições que garantem o cumprimento das promessas, sendo, por outro lado, também responsáveis pela incapacidade de cumprimentos das mesmas, se incorrer em dívida elevada ou proceder à emissão desmesurada de moeda. Na prática, os governos representam o fundamento de qualquer sistema financeiro sofisticado, a base sobre o qual se ergue a pirâmide de promessas (Wolf, 2008).

Ao contrário do que se poderia pensar, os desafios de regular o bom funcionamento do sistema financeiro afectam profundamente a performance das economias, principalmente num contexto de integração económica profunda. Actualmente, grande parte do trabalho académico na área, associa o desenvolvimento económico à saúde do sistema financeiro, e apontando para a emergência sucessiva de várias crises, vários economistas ilustres têm defendido limites à integração financeira, desde os mais cépticos como Joseph Stiglitz (2002, 2006), até os mais insuspeitos liberais, como Jagdish Bhagwati (2007). Na verdade, enquanto quase todos os economistas reconheçam os benefícios do livre comércio, essa quase unanimidade não se aplica às finanças liberais.

Para agir de forma consciente, é necessário um maior conhecimento das vantagens e dos riscos dos sistemas financeiros globais, até porque nenhum sector produtivo consegue, em geral, isoladamente, afectar toda a economia.

No entanto, o impacto das crises financeiras abate-se sobre toda a actividade económica, e muitas vezes, dado o nível de integração, alastra a várias economias em simultâneo (Minsky, 2008). E para conhecer esses impactos de forma rigorosa, é necessário conhecer tanto a microeconomia das finanças, como a macroeconomia das políticas cambial, monetária e orçamental.

III.2. Origens das Crises Financeiras: Muito Mais do que Uma Questão de Regulação

O sentimento, quase unânime, no final da II Grande Guerra foi de que era imperativo recuperar novas formas de gestão micro e macroeconómica para evitar situações como as que tinham levado à crise de 1929 e a tudo o que se lhe seguiu.

E, na verdade, as crises financeiras estiveram ausentes do sistema económico mundial durante boa parte das décadas de 1950 e 1960, caracterizadas por um crescimento económico fulgurante, mas também por um controlo acrescido sobre os movimentos de capitais, que eram restritos, no contexto doméstico e internacional, desde a década de 1930 (Mundell, 1994).

A maior parte dos países, incluindo o expoente da liberalização, o Reino Unido, impôs controlos sobre transacções cambiais, em conta capital e corrente. Os governos não só limitavam as transacções externas, como restringiam os sistemas financeiros internos, sendo os bancos e as instituições provedoras de financiamentos hipotecários (*building societies* no Reino Unido e *savings and loans*, nos EUA) os principais fornecedores de fundos para empresas e famílias, estando a sua actividade submetida a rigorosa regulamentação.

Existiam, ainda, limites às taxas de juro e o Reino Unido controlava directamente o crescimento do crédito[9]. Pouca gente imaginava que a crise financeira voltaria a acontecer, despertando agora um interesse meramente histórico, à semelhança de uma pandemia cujo risco de infecção estivesse afastado há muito tempo (Cooper, 2008).

Esses acontecimentos levaram à emergência de uma nova economia de mercado de âmbito mundial, a que muitos denominam de segunda globalização, para a distinguir da primeira etapa da globalização, entre a segunda metade do século XIX e 1914.

A grande questão é como deverá funcionar a pirâmide de promessas quando as finanças se tornam globais, o que começou a acontecer desde a década de 1970. Naturalmente, existem vantagens e riscos. No que respeita às primeiras, podemos apontar um conjunto de razões:

– Ao tornar mais intensa a concorrência entre agentes económicos, o processo de globalização obriga as empresas a assegurar uma gestão mais rigorosa dos seus activos e passivos, nomeadamente quando recorrem a financiamentos externos.

– A existência de sistemas financeiros mais abertos e competitivos poderá exercer uma influência considerável sobre a qualidade da legislação interna e do ambiente regulatório (protecção dos direitos de propriedade, regulação financeira, transparência de procedimentos, entre outros); esta maior competitividade obriga os governos a assumirem maior responsabilidade pela concepção e implementação da política económica, já que decisões menos rigorosas poderão originar fugas de capitais.

---

[9] Portugal também não constituiu excepção, já que na década de 1970 e no início da década de 1980, o Banco de Portugal impunha limites ao crédito a conceder por cada instituição bancária (Lopes, 1996).

– A oferta de capital estrangeiro pode reduzir o custo das necessidades de capital das economias nacionais, ao aumentar a liquidez do sistema financeiro, permitindo igualmente uma maior diversificação do risco.

No entanto, a par das vantagens, os riscos da globalização financeira são, também, significativos:

– os denominados *efeitos de ricochete* (Kindleberger e Aliber, 2005) são os mais perigosos, originando um contágio quase imediato, e de repercussão desigual sobre os países envolvidos, consoante o seu nível de desenvolvimento, dada a integração crescente dos mercados, quer os de *commodities*, quer os financeiros.

– A percepção de maior vulnerabilidade em relação a determinado país, agravada pela incapacidade do respectivo governo em reagir às crises da forma esperada, agrava o risco de fugas de capitais, transformando uma vulnerabilidade em crise grave (Wolf, 2008).

– A desconfiança, naturalmente maior em relação aos governos estrangeiros, por parte dos investidores internacionais, principalmente se esses países não fizerem parte do grupo das economias mais desenvolvidas, onde o funcionamento regular das instituições está assegurado. A pressão dessa desconfiança pode levar os investidores a exigir prémios de risco mais elevados pelos activos que se propõem adquirir ou pelos capitais que estarão dispostos a colocar na economia em causa, levando os governos a implementar políticas económicas pouco adequadas às necessidades locais. Como refere Wolf (2008), os governos são sempre parceiros (mais ou menos discretos) nas transacções financeiras internacionais, ao determinarem a política cambial, fiscal, orçamental ou monetária.

– Nos países de moeda mais fraca, no contexto do sistema monetário internacional, sujeitas a maiores flutuações, os agentes económicos preferem deter moeda estrangeira de referência, forçando as instituições financeiras nacionais a conceder empréstimos em moeda estrangeira, o que coloca a economia, no seu conjunto, numa situação de grande vulnerabilidade, face a alterações na taxa de câmbio. Geralmente, estas situações vêm associadas a grandes diferenciais de taxas de juro entre empréstimos denominados em moeda nacional e moeda estrangeira.

– Os governos não podem actuar como emprestadores de última instância (*lenders of last resort*), como referem Kindleberger e Aliber (2005). Na prática, uma crise interna pode ser resolvida recorrendo à emissão monetária (sendo a inflação o preço a pagar, de acordo com a teoria monetarista), mas essa hipótese já não é válida para moeda estrangeira, pelo que, muitas vezes, as crises acima referidas acabam por degenerar no incumprimento da dívida, gerando efeitos ainda mais devastadores sobre a credibilidade do país em causa.

A liberalização dos sistemas financeiros durante as décadas de 1960 e 1970 originou alguns excessos, e, também, profundas crises, exacerbadas pela interacção com as características da política macroeconómica, nomeadamente os regimes cambiais e a política monetária. A maior parte das grandes crises ocorreu nas denominadas economias emergentes, embora não exclusivamente, e rapidamente se tornaram impossíveis de gerir, pois envolviam grandes passivos em moeda estrangeira. Como referem Kindleberger e Aliber (2005), complementados por Mishkin (2008), a anatomia de uma crise financeira típica é relativamente simples: começa com a liberalização dos mercados financeiros e da economia no seu conjunto, incluindo, naturalmente, os movimentos de capitais, mantendo-se as taxas de câmbio estáveis; seguem-se as crises cambiais, desencadeadas habitualmente pelas tentativas dos bancos centrais em suster as respectivas moedas, face aos ataques maciços e sustentados dos especuladores; finalmente, as crises cambiais transformam-se em crises financeiras, quando as reservas na posse dos bancos centrais já não são suficientes para resistir aos ataques, e as moedas são deixadas flutuar livremente, perdendo uma parte substancial do seu valor e acarretando um aumento muito significativo dos passivos denominados em moeda estrangeira e detidos pelos agentes económicos locais, incluindo as instituições financeiras.

IV
FACTORES DE RISCO NA ESTABILIDADE DOS SISTEMAS FINANCEIROS

"Economic forecasting is like weather forecasting except that our knowledge of the underlying science is less complete. Outcomes are produced by structural relationships that interact in nonlinear and state-contingent ways. Despite the progress that has been made in both chaos theory and computing power, our ability to forecast and simulate complex nonlinear processes remains limited. Complex systems often have multiple equilibria, selection between which is sensitive to small perturbations. **And in financial markets, unlike meteorology, there is the fact that the behavior of the components can be affected by the forecast.**"[10]

IVI.1. O Conceito de *Bolha*

Como verificámos nos capítulos anteriores, as convulsões e os distúrbios do sistema financeiro e monetário estão intrinsecamente ligados à evolução das relações económicas internacionais, pelo que o fenómeno que vivenciámos ao longo dos últimos dois anos e meio (considerando que o início da crise foi registado no ano de 2007) não é, de todo, um processo recente, ou uma característica exclusiva da economia dos nossos dias, mas, embora com características e impactos diferentes, já pode ser encontrado na economia dos séculos XVII e XVIII.

---

[10] Barry Eichengreen (2002), "*Predicting and Preventing Financial Crises: Where do We Stand? What Have We Learned?*", Paper apresentado na *Keil Annual Conference*, Alemanha. O texto em negrito é nossa opção.

A primeira crise financeira conhecida da história da idade moderna ocorreu em 1636, a denominada *Bolha das Túlipas*, que originou o crescimento extraordinário, e subsequente queda do preço, de variedades de túlipas importadas pela economia holandesa, levando à ascensão e consequente ruína de muitos agentes económicos da altura.

Segue-se, no século XVIII, uma outra bolha especulativa, que acaba por terminar numa poderosa e devastadora crise financeira, a partir da valorização, especulativa, das acções de uma empresa, a *South Sea Company*, a quem o governo britânico teria outorgado o monopólio do comércio de escravos e ouro da época. Quando as acções descem para o seu valor real, os investidores são afectados por perdas patrimoniais muito significativas, tendo milhares de pessoas ficado falidas.

E os exemplos continuam, indo desde as sucessivas depressões que afectaram as economias norte-americana e europeia desde o final do século XIX até aos primeiros anos do século XX, à *Grande Depressão* dos anos 1930, essa verdadeiramente global, extensível ao conjunto da economia mundial, com efeitos devastadores. Os anos de 1980 trouxeram, depois da era do dinheiro fácil da década de 1960 e 1970, o aumento das taxas de juro internacionais e a asfixia financeira de um conjunto de países em desenvolvimento, nomeadamente na América Latina, gerando a famosa crise da dívida externa, que se traduziu no incumprimento dos pagamentos aos credores externos por parte de vários países da região, com destaque para o México e a Argentina, que haveriam de ser novamente afectados por distúrbios nos respectivos sistemas financeiros, por ocasião da famosa *Crise da Tequilla*, no inicio da década de 1990. Os Na segunda metade dos anos 1980, o Japão sofreu os efeitos de uma imensa bolha especulativa no preço dos activos imobiliários e no mercado bolsista. O mesmo sucedeu nas insuspeitas e macroeconomicamente bem comportadas economias da Finlândia, Noruega e Suécia. Esta década traria, ainda, uma nova e devastadora crise cambial e financeira, afectando, em 1997 e 1998, algumas das mais promissoras economias emergentes, desta vez na região do sudeste asiático, insuspeita, até à data, de sofrer deste tipo de maleitas, dada a extraordinária performance das economias em causa, em termos de crescimento económico e ganhos no comércio internacional.

Na segunda metade dos anos 1990, os EUA conheceram uma extraordinária tendência altista no valor bolsista dos títulos de empresas ligadas às tecnologias da informação, as famosas *dotcoms*, a que seguiria, já no novo milénio, a bolha do sector imobiliário.

Como demonstra a história mais recente, ninguém está imune à ocorrência das crises financeiras, nem às suas consequências, substancialmente amplificadas com o avanço do processo de globalização, já que os efeitos de contágio se fazem sentir com muito mais rapidez e intensidade, dada a integração comercial e económica que caracteriza a economia mundial contemporânea.

Naturalmente, este tipo de fenómenos reforça a importância do funcionamento dos sistemas financeiros e salienta algumas das suas especificidades.

Como referem Kindleberger e Aliber (2005), desde a década de 1970 que se tem verificado uma volatilidade inédita no que se refere aos preços das *commodities*, das moedas, dos activos imobiliários ou dos títulos em bolsa, assim como da frequência e da severidade das crises financeiras.

A definição da palavra bolha é reveladora: algo efémero, pouco substantivo, que parece plausível, de início, mas que rapidamente demonstra ser enganador, de pouco crédito[11]. O problema das bolhas é que elas acabam sempre por implodir, já que pressupõem um padrão insustentável, qualquer que seja o activo envolvido. E as consequências são, habitualmente, dramáticas.

A implosão da bolha do mercado de capitais, no Japão, nos anos 1990, levou a uma falência generalizada de bancos e outras empresas financeiras, e a mais de uma década de crescimento económico estagnado. Um evento do mesmo género na Tailândia desencadeou um brutal efeito de contágio, levando à derrocada do valor dos activos cotados em bolsa em toda a região.

IV.2. A importância da liberdade de circulação de capitais

Um dos mais importantes factores (des)estabilizadores do funcionamento da economia mundial é o grau de liberdade na circulação dos capitais entre as várias regiões do globo, o que habitualmente designamos globalização financeira.

Na verdade, uma breve análise histórica ao longo dos últimos 150 anos, sensivelmente, leva-nos a concluir que tem havido uma panóplia de

---

[11] *Moderna Enciclopédia Universal* (1984), Círculo dos Leitores, Tomo III.

comportamentos por parte dos principais intervenientes nas relações económicas internacionais em relação ao grau de liberdade dos fluxos financeiros entre economias nacionais.

Assim, depois da primeira, e genuína, fase do processo de globalização, entre 1850 e 1913, em que os capitais circulavam praticamente sem restrições entre países e regiões, as consequências da I Guerra Mundial, as crises monetárias, os incumprimentos, as questões sobre as indemnizações e dívidas de guerra, e, naturalmente, a *Grande Depressão* dos anos 1930, levaram um crescente número de países a impor controlos cambiais e restrições sobre os movimentos de capitais, assim como tarifas aduaneiras e outras barreiras proteccionistas, para tentar preservar as economias nacionais da tensão vigente no sistema económico internacional.

Como refere Ferguson (2009), no final dos anos 1930, a maior parte dos países tinha imposto severas restrições ao comércio, às migrações humanas e aos fluxos de capitais. Ainda antes do final da II Guerra Mundial, o Acordo de Bretton Woods definia uma nova arquitectura monetária e financeira para o mundo do pós-Guerra, ao abrigo do qual as trocas comerciais seriam progressivamente liberalizadas, mas as restrições aos movimentos de capitais iriam permanecer. O objectivo destas restrições era, naturalmente, permitir aos governos aderentes manter a estabilidade das respectivas taxas de câmbio, também uma das condições do Acordo, sem sacrificar a autonomia das respectivas decisões em matéria de política monetária, resolvendo o famoso *trilema* ou *triângulo das incompatibilidades* de Mundell. Inspirado no Modelo de Mundell-Fleming, o triângulo permite demonstrar que, para um determinado país, a inserção num regime de taxas de câmbio fixas (primeiro vértice), com livre circulação de capitais (segundo vértice), conduz à perda de autonomia da política monetária (terceiro vértice), a não ser que se trate da economia líder da zona em causa, e traduz-se na capacidade de um país poder controlar a evolução da sua massa monetária e o nível da sua taxa de juros em função dos seus objectivos de política económica (inflação, taxa de emprego, entre outros). O problema põe-se da seguinte forma: se um país tem uma pressão inflacionista, vai implementar uma política monetária restritiva, aumentando as taxas de juro para incentivar a poupança e retirar moeda de circulação. A subida das taxas de juro vai atrair os capitais estrangeiros, que, sem restrições à circulação, se convertem em moeda nacional, aumentando a massa monetária em circulação. A procura de moeda nacional faz subir o seu preço, pelo que tende para a valorização em relação às outras, pondo em causa o princípio das taxas de câmbio fixas. Assim, o Banco Central vai ter de intervir no mercado, vendendo moeda nacional, de modo a fazer descer o seu preço e aumentando a massa monetária em circulação. Em suma, o objectivo inicial de política económica (suster a pressão inflaccionista) acabou por não ser atingido o que demonstra a impossibilidade de preencher, em simultâneo, as três condições (Costa, 2004; Krugman e Obstfeld, 2008).

Efectivamente, entre os anos de 1930 e 1960, os movimentos internacionais de capitais permaneceram cuidadosamente controlados, permitindo a manutenção dos princípios do Acordo de Bretton Woods. Mas, como demonstrámos no Capítulo I, as condições macroeconomias globais começaram a deteriorar-se a partir da segunda metade da década de 1960, atingindo o ponto de ruptura em 1971, com a declaração da inconvertibilidade do dólar em ouro, a que se seguiriam os choques petrolíferos do início e final da década.

Nos anos de 1970, os controlos sobre os movimentos de capitais começaram a abrandar de forma significativa, já que, como refere Ferguson (2009), a partir de 1973, grande parte dos bancos centrais acomodou o choque provocado pelo aumento do preço do petróleo com uma política monetária mais expansionista, levando, naturalmente, a redobradas pressões inflacionistas.

Entretanto, o novo contexto de flutuação cambial e a emergência dos mercados de reciclagem dos excedentes dos países exportadores de petróleo levaram ao reforço das exportações de capital, que, sem grandes surpresas, tenderam a concentrar-se na região da América Latina, com as consequências conhecidas[12]. A moratória mexicana iniciou a *Crise da Dívida*, que resultou na adopção, por parte dos governos credores e das organizações económicas internacionais (FMI, Banco Mundial e OCDE[13]) do receituário do Consenso de Washington, que viria a marcar as décadas de 1980 e 1990, que obrigavam à disciplina fiscal, à desregulamentação da actividade económica e, naturalmente, à liberalização dos movimentos de capitais, lançando as bases para a actuação dos especuladores nos mercados monetário e cambial, com destaque para os famosos *Hedge Funds* (ver texto

---

[12] Entre 1975 e 1982, os empréstimos que tiveram por destino a região da América Latina quadruplicaram, passando de 75 mil milhões de dólares para mais de 315 mil milhões (Ferguson, 2009).

[13] Organização para a Cooperação e Desenvolvimento Económico.

infra). A história viria a repetir-se no final dos anos 1990, desta vez incidindo a acção dos especuladores sobre os mercados do Extremo Oriente.

Mas nem as economias mais desenvolvidas, e teoricamente com fundamentos mais sólidos, iriam resistir à instabilidades suscitada pelos movimentos incessantes dos capitais, em busca de mais valias cada vez maiores. O que se passou na Europa, em 1992, é significativo. O Sistema Monetário Europeu (SME), um sistema de taxas de câmbio semi-fixas, inserido no processo de globalização financeira (onde a circulação de capitais estava assegurada em todos os países participantes) caracterizava-se pela liderança do marco alemão, já que a economia alemã representava mais de 30% do PIB comunitário, no final dos anos 1980, pelo que o marco assumia, naturalmente, o papel de a moeda âncora do sistema, reforçado, também, por uma forte credibilidade internacional. Por outro lado, o marco alemão era a única moeda europeia a ter um estatuto de moeda de reserva e de facturação internacional, podendo ser considerada um substituto do dólar e do iene. No final de 1995, de acordo com o FMI, 61,5% das reservas oficiais mundiais estavam denominadas em dólares, 14,2% em marcos, 8,5% em ienes, 3,8% em libras esterlinas, 2,1% em francos franceses e 1,1% em francos suíços. Cerca de 40% das transacções comerciais internacionais eram denominadas em dólares, e 10% em marcos (Costa, 2004).

O problema era que o banco central alemão não actuava como um banco central para os países cujas moedas pertenciam ao SME, mas como banco central da economia alemã, respondendo às suas necessidades e prioridades políticas.

No Verão de 1992, os especuladores internacionais, liderados pelos *Hedge Funds*, decidem testar a credibilidade da moeda britânica, que consideravam estar sobrevalorizada face ao seu valor de referência, tentando forçar as autoridades monetárias do Reino Unido a tomar medidas nesse sentido. Uma das grandes apostas destes fundos consistiu num ataque cerrado à libra esterlina, que tinha aderido ao Mecanismo de Taxas de Câmbio do SME, em 1990, o que significava que teria de respeitar uma apertada disciplina cambial (Costa, 2004).

O principal actor foi um fundo denominado *Quantum Fund*, fundado em 1969, sob iniciativa de um famoso especulador húngaro, George Soros, defensor da *teoria da reflexividade*, segundo a qual os mercados financeiros não podem ser considerados perfeitamente eficientes, pois os preços reflectem a ignorância e os preconceitos, muitas vezes, irracionais, de milhões de investidores. Ou seja, as expectativas presentes não correspondem aos acontecimentos futuros, mas os acontecimentos futuros são modelados pelas expectativas presentes. É a este efeito de *feedback* que Soros chama reflexividade (Soros, 2008).

No entanto, o Reino Unido não estava confortável com a política monetária definida pela Alemanha, uma política monetária restritiva, que, na prática, era seguida por todos, na inexistência de um Banco Central Europeu que definisse uma política monetária comum. O grande problema era que a Alemanha estava numa posição diferente de todos os outros países europeus, pois, na senda da Reunificação, era obrigada a gastar enormes somas na recuperação da economia da Alemanha de Leste, e com receio das tensões inflacionistas que daí adviriam, o *Bundesbank* mantinha altas de juro, para evitar o sobreaquecimento da economia. No entanto, o Reino Unido, deparava-se com tendências recessivas, enfrentando uma crescente insatisfação popular. Havia aqui uma falta de sincronia clara na condução das políticas económicas, principalmente a monetária, que ocorria pelo facto de os dois países se encontrarem em fases diferentes do ciclo económico. E, neste contexto, começaram a surgir dúvidas sobre se o Reino Unido iria ficar ou abandonar o Mecanismo de Taxas de Câmbio, num ambiente muito propício aos especuladores, levando à intervenção dos *Hedge Funds*.

A estratégia era bastante simples: numa primeira fase, o Fundo (*Quantum Fund*) estabeleceu linhas de crédito que iriam permitir pedir emprestados 15 mil milhões de libras com a possibilidade de serem convertidas em dólares. São as denominadas operações de *hedging* (cobertura). Os *Hedge Funds*, tipicamente, apostam em posições curtas (*short*), ou seja, vendas de activos (títulos ou moedas) que não detêm, ou qualquer venda consumada pela entrega de um título emprestado ao vendedor, pelo que os seus ganhos derivam da descida do preço desses activos. Muitas vezes, também apostam em posições longas (*long*), comprando activos na expectativa de futuras subidas de preços.

Depois, com o Fundo a apostar na quebra do valor da libra e na subida do valor do dólar[14], os seus mentores teriam de ser suficientemente ostensivos, no sentido de fazer passar a mensagem da crença na desvalorização da libra a breve prazo. Se tudo corresse bem, tal geraria uma largada de posições em libras (com receio da desvalorização) tão intensa que o governo britânico seria obrigado a proceder à desvalorização. E foi o que

---

[14] Ou, numa terminologia mais técnica, o Fundo teria uma posição curta (*short*) em libras e longa (*long*) em dólares.

aconteceu: não querendo perder autonomia na condução da política monetária, nem impor restrições aos movimentos de capitais, o Banco de Inglaterra esgotou as suas reservas a tentar defender a libra, até que acabou por desistir e deixou-a flutuar, saindo do Mecanismo de Taxas de Câmbio. E Soros teve ganhos extraordinários de capital muito rápidos, consolidando a sua reputação do mais famoso especulador de todos os tempos e incentivando, naturalmente, à actuações de idêntico cariz.

Naturalmente, nada disto teria sido possível se existisse algum tipo de controlo sobre os movimentos internacionais de capitais. A grande questão é que, no caso do Reino Unido, a maior vítima do processo terá sido a credibilidade do Banco Central e do governo britânico, não tendo a economia, pelo seu nível de desenvolvimento, sofrido danos relevantes. No entanto, quando este tipo de situações ocorre, e, como veremos com muita frequência, nas economias emergentes, as consequências podem ser bastante nefastas.

Como podemos verificar, pela análise da Figura 1, tem-se verificado ao longo das duas últimas décadas, um acentuado crescimento nos fluxos internacionais de capital, sob as suas várias vertentes, com destaque para os capitais que circulam sob a forma de depósitos ou créditos bancários. Em 1990, o conjunto dos fluxos de capital representava 5,2% do PIB global, tendo passado para 20,5%, em 2007 (MGI, 2008a). Entre 2006 e 2007 registou-se um aumento de 11,2 biliões de dólares, traduzindo um crescimento de quase 20%.

Os depósitos e os empréstimos constituem a maior fatia dos fluxos de capital em circulação, reflectindo a importância dos intermediários financeiros, como os bancos, os *Hedge Funds* ou as companhias de seguros. Naturalmente, estes fluxos tendem a diminuir com a instabilidade nos mercados financeiros, reflectindo a falta de liquidez interbancária.

Saliente-se que, nos últimos anos, os depósitos e créditos transfronteiriços constituíram a mais dinâmica componente dos fluxos globais de capital, traduzindo, claramente, a importância da globalização financeira e o papel dos intermediários financeiros, já que o sistema bancário começou a financiar-se nos mercados internacionais de capitais, em detrimento dos domésticos[15]. O resto dos fluxos é veiculado por *Hedge Funds*, fundos privados de capital ou companhias de seguros.

---

[15] Em 2007, os bancos foram a fonte de 80% dos empréstimos e receberam também 80% dos fluxos internacionais de capital (MGI, 2008a).

FIGURA 1: Tipologia dos fluxos internacionais de capital (1990-2007)

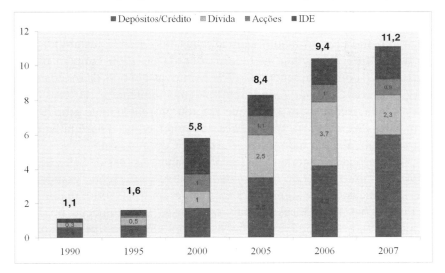

Fonte: MGI (2008a).

Esta panóplia de entidades, embora tenha contribuído para a dispersão do risco, constitui um poderoso veículo de contágio entre mercados, aumentando a probabilidade de ocorrência de crises financeiras, e, naturalmente, amplificando os seus efeitos.

IV.3. **Liberdade de Circulação de Capitais e Crises Cambiais**

As crises cambiais, magnificadas pela liberalização dos movimentos de capitais, também tiveram um papel extremamente importante nas convulsões do sistema financeiro internacional. O dólar norte-americano sofreu uma considerável apreciação na primeira metade dos anos 1980; uma fortíssima crise cambial atingiu o peso mexicano, o cruzeiro brasileiro, o peso argentino e as moedas de muitos dos países em desenvolvimento no início dos anos 1980, lançando um alerta generalizado sobre os riscos de enviar capitais para as economias emergentes, mesmo para aquelas que detinham activos ou *commodities* de importância estratégica, como era o caso dos países detentores de reservas petrolíferas.

Mas os países mais desenvolvidos também não ficaram imunes: a *markka* finlandesa, a coroa sueca, a libra esterlina, a lira italiana e a peseta espanhola sofreram fortes desvalorizações na segunda metade de 1992, principalmente face ao marco alemão, causando grande instabilidade no seio do SME[16]. A segunda metade da década de 1990 também não foi pacífica, pelo contrário, sendo marcada por novas quebras da moeda mexicana (a famosa *Crise da Tequila*) e, fundamentalmente, pela crise financeira asiática, iniciada em 1997, que afectou profundamente grande parte das moedas dos grandes exportadores da região, como o *bath* tailandês, o *ringitt* malaio, a *rupia* indonésia e o *won* da Coreia do Sul[17].

Por outro lado, o número de falências bancárias, nas décadas de 1980 e 1990, foi muito maior do que em décadas anteriores, sendo grande parte delas sistémicas, o que significa que envolveram todas, ou a maior parte, das instituições financeiras do país em causa. Tal aconteceu no Japão, quando as bolhas imobiliária e bolsista implodiram, as perdas sofridas pelos bancos japoneses excederam largamente o respectivo capital, o que os obrigou a ficar sob custódia do governo. Da mesma forma, quando o peso argentino sofreu uma depreciação aguda nos anos 1980, a maior parte dos bancos faliu devido à combinação das suas grandes perdas com as dos agentes económicos com dívida em moeda estrangeira. O mesmo aconteceu com vários bancos nos países escandinavos (que viriam a ser literalmente nacionalizados pelos respectivos governos), assistindo-se igualmente a idênticos tumultos financeiros nas economias asiáticas acima referidas.

Em suma, todas estas crises resultaram da implosão das bolhas no sector imobiliário ou no mercado de capitais, ou da desvalorização substancial das moedas nacionais nos mercados cambiais internacionais. Nalguns casos, as crises cambiais desencadearam crises no sistema bancário; noutros, as crises no sistema bancário originaram as crises cambiais. Qualquer que tenha sido o mecanismo, nos dois casos as consequências abateram-se maciçamente sobre o funcionamento do sistema financeiro (Cooper, 2008).

---

[16] Ver, a este propósito, Costa (2004) ou Baldwin e Wyplosz (2004).

[17] Para uma detalhada, e bem-humorada, descrição das crises cambiais, na América Latina e no Extremo Oriente, ver Krugman (2008).

Como referem Kindleberger e Aliber (2005), e partilhamos integralmente dessa opinião, as convulsões no sistema financeiro, as crises cambiais e a formação e implosão de bolhas, estão sistematicamente relacionadas e resultam das transformações no ambiente económico, nomeadamente na estrutura das relações económicas internacionais.

A ocorrência (e recorrência) das crises financeiras e cambiais impeliu os economistas a produzir avanços significativos na compreensão do funcionamento dos mercados financeiros, e do que pode correr mal e, fundamentalmente, a tentar compreender o impacto do funcionamento dos mercados financeiros, com a sua complexidade crescente (novos produtos, dificuldade de regulação) sobre a performance macroeconómica.

Basicamente, a ideia é de que se tornou muito estreita a ligação entre a microeconomia das finanças e a macroeconomia das políticas cambiais e da balança de pagamentos (Wolf, 2008), o que confere um papel determinante à posição norte-americana, como primeira economia do mundo, detentora da primeira moeda do mundo, mas responsável, igualmente, pelo maior défice corrente do mundo, que toda a gente está, por enquanto, disposta a financiar.

Como defende Wolf, o domínio dos sistemas financeiros é onde existe uma maior interligação entre a micro e a macroeconomia, mas igualmente onde se fundem de forma mais intensa, as dimensões local e global, nacional e internacional, e onde se produz, naturalmente, o maior potencial para gerar crises globais e calamitosas.

Acima de tudo, as crises que envolvem capitais estrangeiros acarretam muitas vezes crises cambiais, e, com muita frequência, degeneram em crises gémeas, como as designa Wolf, em que a interacção do colapso das taxas de câmbio com grande dívidas denominadas em moeda estrangeira origina a insolvência do sector privado, e, não raras vezes, o colapso do sistema financeiro interno, pelo que as autoridades se vêm sem meios para resolver o problema, e são obrigadas a recorrer à ajuda externa (Eichengreen, 2008).

Em suma, um dos factores de risco acrescido para a estabilidade dos mercados financeiros passa pela possibilidade da ocorrência de crises cambiais, cada vez mais frequentes e com maior potencial de devastação, à medida que se prossegue a integração financeira e a liberalização dos movimentos de capitais a nível internacional. Como refere Wolf (2008), o comportamento errático dos mercados de capitais desempenhou um papel central na sucessão de eventos que têm determinado a eclosão das denominadas crises financeiras sistémicas.

IV.4. Os Desajustamentos Macroeconómicos Globais

No ano de 2008, existem dois pólos distintos a nível mundial, no posicionamento dos fluxos internacionais de capitais, destacando-se a China, como exportador líquido de capital, com 24% do total mundial, e os EUA, como importador líquido de capital, recebendo mais de 40% dos fluxos de capitais que circulam a nível internacional (Figura 2).

FIGURA 2: Exportadores e Importadores Líquidos de Capital, 2008

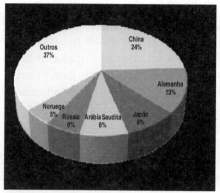 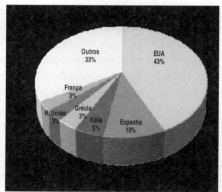

Exportadores Líquidos   Importadores Líquidos

Fonte: FMI (2009).

Seguem-se, no *ranking* dos exportadores líquidos de capital, a Alemanha e o Japão, grandes economias tradicionais, com uma população envelhecida, que canaliza elevados montantes financeiros para poupança. E, naturalmente, os países exportadores de petróleo, beneficiando do elevado preço desta matéria-prima nos últimos anos, que beneficiam de grandes *superavits* nas balanças comerciais, combinados com políticas monetárias que visam impedir a apreciação da moeda local, favorecendo, ainda mais, o movimento exportador, à semelhança, aliás, das práticas das autoridades chinesas[18].

---

[18] Refira-se, no entanto, a diferença entre o perfil dos investidores: enquanto os capitais europeus são oriundos, essencialmente, do sector privado, os novos investidores são, em grande medida, públicos e institucionais.

A crise financeira actual, que discutiremos em pormenor, pôs, naturalmente, em evidência alguns dos maiores benefícios que derivam da emergência destes novos actores, e que passam pela disponibilização de uma vasta liquidez, preciosa para alimentar a economia mundial. Por outro lado, aumentam os receios das contrapartidas exigidas por estes países, especialmente ao nível da pressão política, contribuindo para uma intromissão entre as questões económicas e os assuntos políticos.

Efectivamente, o panorama dos movimentos internacionais de capitais tem registado modificações significativas ao longo dos últimos 15-20 anos, sensivelmente, com a emergência e consolidação de novos grupos de investidores, reflectindo, naturalmente, uma dispersão do poder financeiro, das instituições tradicionais, situadas nas economias ocidentais desenvolvidas, para outros protagonistas, noutros locais do mundo (Costa, 2005; MGI, 2008b; FMI, 2009). Entre esses novos investidores[19], assumem especial destaque os governos asiáticos, os países exportadores de petróleo em vários pontos do globo, os já referidos *Hedge Funds* e empresas de capital de risco (Figura 3).

FIGURA 3: Principais investidores internacionais, 2008

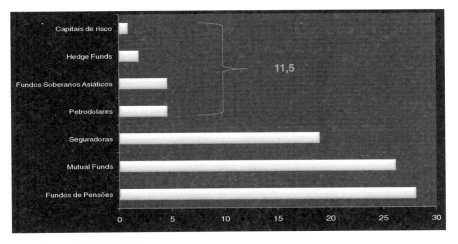

Fonte: MGI (2008b).

---

[19] Três instituições pertencentes a estes novos grupos, o banco central da China, o banco central do Japão e a Autoridade de Investimento de Abu Dhabi permanecem entre os maiores gestores de activos do mundo (MGI, 2008b).

Depois das crises financeiras de 1997 e 1998, os governos dos países afectados tentaram proteger-se contra uma repetição das mesmas. Evitaram os empréstimos ao estrangeiro que os tinham tornado vulneráveis aos cortes do financiamento externo. Constituíram enormes reservas de dólares e euros, que deveriam protegê-los de futuras emergências do mesmo género. E a sabedoria convencional era que as economias emergentes (Brasil, Índia, China e Rússia) e um conjunto de economias de menor dimensão (incluindo as vítimas da crise de 1997) estavam agora menos dependentes do que poderia vir a acontecer nos EUA.

Na verdade, uma das mais notáveis características da economia mundial contemporânea, é que a maior economia do mundo, o maior mercado do planeta e emissor da principal moeda existente, os EUA, converteram-se igualmente em primeiro devedor internacional e gastador mundial de última instância (Figura 4). Trata-se de uma situação inédita, já que nunca anteriormente a mais desenvolvida economia do mundo se tinha tornado, em simultâneo, o maior receptor líquido de capital a nível internacional. Em 1999, o défice corrente dos EUA atingia quase 3% do PIB, e a situação já era considerada preocupante; em 2006, atingiu 5,8%, tornando os EUA mais vulneráveis a mudanças nas intenções dos investidores globais, pois, para absorver aquele défice crónico, é necessária a absorção de grandes quantidades de capitais que afluam de outras regiões do globo (MGI, 2008b).

FIGURA 4: Evolução do défice comercial norte-americano, 1990-2007

Fonte: Elaboração própria, a partir dos dados do *US Bureau of Economic Analysis* (2008).

Na verdade, o défice comercial norte-americano constitui uma das bases dos excedentes dos países acima referidos, que precisam de esterilizar grande parte dos ganhos obtidos no comércio internacional. Essa esterilização passa, geralmente, pela aquisição maciça de dólares por parte dos respectivos bancos centrais, contribuindo para o acréscimo das reservas, que era, aliás, o objectivo inicial, em resposta às consequências da crise financeira de 1997-1999.

A tabela seguinte ilustra a evolução das reservas detidas por países desenvolvidos e países em desenvolvimento, sendo visível uma transferência dos primeiros para os segundos.

TABELA 1: Evolução das reservas cambiais internacionais (mil milhões de dólares)

Anos	Países Desenvolvidos	Países em Desenvolvimento	Total	Parte dos Países em Desenvolvimento no total
2001	863,7	1051,7	1915,4	54,9%
2002	930	1162,5	2092,5	55,6%
2003	1034,5	1345	2379,5	56,5%
2004	1116,9	1626,1	2743	59,3%
2005	1199,6	2085,4	3285	63,5%
2006	1254,2	2496,7	3750,9	66,6%
2007 (Março)	1276,2	2645,6	3921,8	67,5%

Fonte: FMI (2009).

Esta situação ilustra, como refere Wolf (2008), até que ponto a liberalização dos fluxos globais de capitais acabou por originar consequências completamente diferentes daquelas que poderiam ter sido esperadas: o capital flui, nos tempos que correm, de baixo para cima, dos países menos desenvolvidos, do ponto de vista económico e social, para o mais rico de todos.

Nas décadas de 1970, 1980 e 1990, as crises financeiras sempre ocorreram depois de períodos em que predominaram volumosos fluxos líquidos de capital para as economias emergentes. Mais tarde, estas últimas decidiram (ou foram impelidas pelos mercados) a deixar de actuar como importadoras líquidas de capital, tendo-se mesmo transformado em exportadoras líquidas de capital.

Na década de 2000, o desejo dos investidores privados em aplicar fundos em muitos desses países, levou essas economias a promover intervenções cambiais de grande escala e a acumular reservas estrangeiras. No entanto, desta vez elas foram prudentes, para evitar o que tinha acontecido em décadas anteriores, nomeadamente no final dos anos 1990: a maioria está preparada para se envolver nos mercados internacionais de capitais, mas não está disposta a permitir entradas líquidas de capital nas suas economias, uma realidade completamente diferente das experiências de globalização financeira do final do século XIX e princípios do século XX, e, ainda, da década de 1970[20].

O facto da economia global estar a funcionar de forma relativamente estável desde início de 2000, depois das crises da segunda metade dos anos 1990, sugeriu alguma estabilidade aos analistas, que se revelou claramente prematura. O problema foi que as economias de mercado emergentes são incapazes, ou não estão dispostas, a absorver o excesso de poupança da economia mundial, estando elas próprias a gerar parte substancial dessa poupança, que canalizam, cada vez mais, para os países mais ricos (o *global saving glut*, de que falava Bernanke, em 2005). À cabeça dos destinatários vêm os EUA, que se converteram na superpotência dos devedores globais.

Inicialmente, a ascensão dos EUA como grande devedor financeiro gerou uma certa estabilidade económica e financeira, à semelhança do que havia ocorrido na década de 1950 e início da década de 1960. Na qualidade de maior economia do mundo, detentora da mais importante moeda do globo, os EUA estavam em muito melhores condições do que qualquer outro país para captar empréstimos no exterior.

Nos últimos anos, os excedentes daqueles países foram cerca de 1/6 das poupanças globais, e as suas consequências são claras: tendência para taxas de juro reais baixas, mesmo em épocas de rápido crescimento económico; as pressões sobre os EUA para incorrer em défices correntes são muito acentuadas. O facto de as taxas de juro serem tão baixas sugere que os défices correntes norte-americanos não inibem investimentos noutros lugares, mas que o baixo nível da despesa no resto do mundo estimula os gastos e os défices externos dos EUA, e essas consequências não decorrem exclusivamente de decisões do sector privado.

---

[20] Como refere Wolf (2008), a partir desta nova postura das economias emergentes nos fluxos internacionais de capitais, '*They smoke but they don't inhale.*'.

As taxas de juro e as políticas macroeconómicas que as promovem em boa parte dos países asiáticos (concentração sobre o dólar e a esterilização da acumulação de reservas) contribuíram para gerar os *superavits* que os EUA têm absorvido. Se os EUA não estivessem estado dispostos a implementar políticas fiscais e monetárias expansionistas, capazes de absorver os *superavits* mundiais, e se recusassem a aceitar défices crescentes na sua conta corrente, a economia norte-americana teria entrado numa recessão que se arrastaria rapidamente aos restantes países.

Neste contexto, as consequências foram vantajosas, tanto para países credores, como para países devedores, e, naturalmente, para o resto do mundo. Enquanto os EUA fossem o principal devedor do sistema, a probabilidade de ocorrência de novas crises financeiras era relativamente reduzida. Mas o caminho era insustentável no longo prazo. O problema não tinha unicamente a ver com a acumulação de passivos ou obrigações em relação ao resto do mundo, mas também a necessidade de que o sector público ou o sector privado norte-americano (basicamente as famílias) ou ambos, se afundassem numa espiral de endividamento crescente. E, quando surgir a altura do ajustamento (nomeadamente com a desvalorização do dólar), os países credores também irão perder com isso.

Tudo isto levanta a grande questão de serem necessárias reformas globais, não só da parte dos EUA, mas também das políticas públicas dos países credores, com destaque para a China e países exportadores de petróleo. Os ajustamentos exigem mudanças em todo o mundo, nos níveis dos gastos, nas despesas em consumo, na produção de bens e serviços transaccionáveis. É verdade que, apesar da dimensão do défice corrente norte--americano, a dívida líquida dos EUA não se deteriorou de forma tão rápida como seria de esperar, com a acumulação sucessiva de défices. Tal terá sido devido ao facto de os activos externos dos EUA se apreciarem, em valor, a uma taxa mais elevada do que as suas dívidas; ao facto de os rendimentos dos activos serem mais elevados nos mercados bolsistas internacionais do que nos mercados norte-americanos e aos mais elevados rendimentos das empresas norte-americanas nos seus investimentos directos no exterior.

No entanto, acreditamos que a manutenção de défices com esta magnitude poderá trazer problemas complexos para a sustentabilidade da economia dos EUA, assim que os capitais externos deixarem de fluir, provocando um aumento das taxas de juro internas e contribuindo para a desaceleração do crescimento económico. Por outro lado, a apetência dos novos investidores pelos títulos da dívida pública dos EUA pode implicar consequências geopolíticas e geoestratégicas consideráveis, que afectem, inclusivamente, a hierarquia de poder a nível mundial. A este respeito, Ferguson (2009) chama a atenção para os riscos da *Chimérica*, a cada vez mais estreita ligação entre as poupanças chinesas e o consumo imparável dos consumidores norte-americanos, que fez com que a China se tivesse tornado um dos maiores credores dos EUA, fazendo, naturalmente, valer a sua importância estratégica, que se trate das negociações no âmbito da Organização Mundial de Comercio ou as conversações sobre o Tibete ou sobre Taiwan (Zakaria, 2008).

IV.5. O Papel Fundamental da Confiança: Presente (Ausente) em Todas as Crises

"The only thing we have to fear is fear itself."[21]

A questão da confiança desempenhou, desde sempre, um papel fundamental na (des)estabilização das economias. Historicamente, está amplamente demonstrado que os ciclos económicos seguem, de forma muito restrita, a evolução da confiança dos agentes económicos (Akerlof e Shiller, 2009)[22].

Naturalmente, a palavra *confiança* (que implica um comportamento que não é determinado exclusivamente por uma abordagem racional na tomada de decisão) desempenha um papel muito importante na macroeconomia. Se as pessoas estão confiantes, compram, consomem, fazem despesa, investem. Se estão descrentes, temerosas, retiraram-se do mercado, entesouram as suas poupanças, vendem os seus activos.

A história económica está repleta de tais ciclos de confiança, seguidos de retrocessos, desde a *Bolha das Túlipas*, na Holanda do século XVII, até à *Bolha dos Mares do Sul*, no século 18, como vimos anteriormente.

Akerlof e Shiller introduzem mesmo a ideia de um *multiplicador de confiança*, que desempenharia as mesmas funções do mecanismo tradicio-

---

[21] Franklin D. Roosevelt, a propósito da *Grande Depressão* dos anos 1930.

[22] A palavra confiança provém do latim *fido*, que significa confiar. Também ouvimos dizer recorrentemente que a crise actual é uma crise de crédito, que tem origem na palavra latina *credo*, que significa crer, acreditar.

nal do multiplicador keynesiano. Na prática, costumamos perspectivar o conceito do multiplicador aplicado a variáveis que podem ser mensuráveis. Mas o conceito também é susceptível de ser utilizado em variáveis menos convencionais, e com menor capacidade de mensuração. Assim, para além do multiplicador do consumo, do investimento ou dos gastos do estado, existe igualmente um *multiplicador de confiança*, que representa o impacto, amplificado, sobre o rendimento macroeconómico global, de uma variação unitária no nível de confiança dos agentes económicos, qualquer que seja a forma de medição do mesmo.

Este conceito do *multiplicador de confiança* pode ser aplicado, de forma bastante pertinente, à actual crise económica. Na sequência da crise do *subprime*, a perda de confiança levou os mercados a bloquear a concessão de crédito, já que os potenciais emprestadores têm receio de não recuperar o seu dinheiro. Nessas circunstâncias, aqueles que querem gastar, encontram dificuldades em obter o crédito de que necessitam; os que fornecem os bens, encontram dificuldades em obter o capital produtivo de que necessitam. Em resultado, os multiplicadores fiscais habituais, desde o aumento da despesa pública até à redução de impostos, terão, provavelmente, um impacto muito menor.

Este conceito de confiança, retomado, aliás, por autores como Kindleberger e Aliber (2005), encontra as suas raízes no famoso '*animal spirits*', de John Maynard Keynes. Na perspectiva de Keynes, a economia não é apenas governada por actores racionais, que, por meio de uma '*mão invisível*' se envolvem em transacções que asseguram um benefício para todas as partes. Keynes considerava que a maior parte das decisões económicas, ou com impacto sobre a actividade económica, resultava de motivações económicas racionais. Mas acreditava igualmente que parte dessa actividade económica era produto do que denominava '*animal spirits*', ou seja, o facto de as pessoas agirem, também, sob o impulso de motivações não-económicas, e, por isso, não serem sempre racionais na prossecução dos seus interesses económicos[23].

---

[23] Keynes considerava estes '*animal spirits*' como uma das principais causas para a economia flutuar como flutua, e também o primeiro motivo para o desemprego involuntário: "*To understand the economy then is to comprehend how it is driven by animal spirits. Just as Adam Smith's invisible hand is the keynote of classical economics, Keyne's animal spirits are the keynote to a different view of the economy – a view that explains the underlying instabilities of capitalism.*" (Akerlof e Shiller, 2009).

Neste contexto, os poderes públicos seriam uma espécie de encenadores, a quem caberia preparar o palco para a actuação dos agentes de mercado (Akerlof e Shiller, 2009).

Em síntese, as economias capitalistas pautam-se pela criatividade, e o governo não deverá interferir com essa criatividade. Mas essa mesma criatividade também pode dar origem a excessos, a manias e pânicos (Kindleberger e Aliber, 2005). O papel do governo deverá ser limitar esses excessos.

No entanto, e por circunstâncias sobejamente conhecidas, os anos 1970 assistiram à emergência e posterior consolidação, da denominada corrente Neoclássica, que, assente na preponderância dos mercados livres e perfeitamente racionais, considerava que os 'animal spirits' eram demasiado insignificantes para ter importância sobre a economia. A crença de que os governos não deveriam interferir com a busca, por parte dos agentes económicos, dos seus interesses individuais, influenciou as políticas nacionais por todo o globo, assumindo a forma do *Thatcherismo* no Reino Unido, ou do *Reaganomics*, nos EUA, alastrando depois para grande parte dos países no mundo inteiro.

Akerlof e Shiller (2009) apresentam vários exemplos de como a confiança, exagerada ou em défice acentuado, pode levar ao desmoronamento de um sistema financeiro e de economias até então, aparentemente, saudáveis e com crescimento sustentado. Um dos exemplos é a Depressão que afectou a economia norte-americana, em 1890, resultante, segundo os autores, de uma quebra de confiança associada com relatos de fracassos económicos e corrupção, de inadequação de políticas económicas e de ilusão monetária.

Tal como em 1929, esta Depressão também se sucedeu a um *boom* no mercado bolsista norte-americano. O índice *Standard & Poor's Composite Stock Price* tinha subido 36% em apenas alguns meses (entre Dezembro de 1890 e Maio de 1892), e logo a seguir caiu abruptamente, para completa surpresa dos intervenientes no mercado.

Os primeiros anos da Depressão de 1890 também testemunharam uma queda substancial nos preços. No entanto, segundo a maior parte dos analistas, esta Depressão foi essencialmente um problema norte-americano, desencadeado pelo pânico financeiro de 1893. A quebra de confiança derivada da derrocada dos mercados bolsistas levou as pessoas a encetarem uma corrida aos bancos, para retirarem os seus depósitos, levando, naturalmente, à sangria financeira das instituições. Estas foram obrigadas a pedir os empréstimos que tinham concedido, pelo que as taxas de juro dispararam para valores insustentáveis, levando à falência inúmeros negócios. Para piorar a situação, os EUA não dispunham de um banco central (a Reserva Federal, a *Fed*, só foi criada em 1913), que pudesse funcionar como emprestador de última instância. A corrida aos bancos levou ao caos económico, que funcionou como o mais directo precursor da depressão económica.

Efectivamente, os anos 1920 do século XX, os famosos *Roaring Twenties*, tinham sido uma época de prosperidade e paz, divertimento, muita actividade social e um sólido crescimento económico. Existiu uma espectacular subida no preço das acções por todo o mundo, que terminou com o *crash* bolsista de 1929. A partir daí, o mundo mergulhou na *Grande Depressão* dos anos 1930, que, em contraste com a *Depressão* de 1890, afectou ambos os lados do Oceano Atlântico. Tal como a Depressão de 1890, a dos anos 1930 parece ter estado associada à perturbação dos mercados financeiros: uma quebra bolsista extraordinária em 1929, a nível mundial, com uma crise bancária subsequente. Mas, mais uma vez, o significado real do declínio económico não pode ser compreendido através unicamente da questão financeira (Galbraith, 1997; Bernanke, 2000).

Para Eichengreen e Sachs (1985), a *Grande Depressão* alastrou de uns países para os outros pelo colapso do padrão-ouro. Com uma quebra global de confiança na moeda, os bancos centrais apenas podiam defender o padrão-ouro subindo as taxas de juro de forma dramática, e comprometendo, naturalmente, a recuperação das respectivas economias. Os dois autores evidenciam que os países que permaneceram durante mais tempo ligados ao padrão-ouro foram os mais penalizados. Os países que primeiro desvalorizaram a respectiva moeda recuperaram mais rapidamente, não só porque beneficiaram das taxas de juro mais reduzidas, mas também pela vantagem competitiva proporcionada pelos preços internacionais, também mais baixos.

Mas o *"animal spirits"* também desempenhou um papel fundamental, através da quebra de confiança e uma perturbação por via da ilusão monetária. Os primeiros anos da *Grande Depressão* foram marcados por uma profunda deflação, o que significava que os lucros das empresas foram substancialmente reduzidos, uma vez que as receitas das vendas diminuíam e os encargos se mantinham, já que que os salários não sofreram reduções.

Na prática, a ilusão monetária também contribuiu para o agravamento da *Grande Depressão*, pois os trabalhadores não aceitavam reduções nos seus salários nominais, e os governos, pressionados para obter os apoios políticos das organizações sindicais, seguiam políticas de manutenção dos salários nominais (Galbraith, 1997).

Mas a questão da confiança foi fundamental para o agravamento das consequências da *Grande Depressão*: os níveis de confiança eram tão baixos, que os bancos mantinham em reserva grandes quantidades de dinheiro, e os empresários também não queriam investir, apesar das taxas de juro serem muito reduzidas. Em tal situação, nenhuma política que visasse os salários nominais (para aumentar ou diminuir) teria qualquer efeito. A quebra de confiança foi a primeira causa para a fraca procura, e consequente nível de emprego. Os medos reais sobre o futuro do capitalismo em si próprio foram um dos componentes da quebra de confiança, que prolongou a *Grande Depressão*, ao longo de toda uma década, só sendo recuperada a partir do final da II Grande Guerra (Bernanke, 2000).

IV.6. O Pânico Auto-alimentado e o Efeito de Contágio

Como vimos no ponto anterior, o papel da confiança é fundamental para a estabilização do funcionamento das economias de mercado, podendo igualmente contribuir para as suas convulsões profundas. Os dois exemplos acima referidos (a Depressão nos EUA, em 1890, e a *Grande Depressão* de 1929-33) constituem uma prova inelutável de tal influência. E a história não acabou nessa altura, continuando a instabilidade a manifestar-se ao longo da segunda metade do século XX, e marcando com particular incidência, o início do século XXI.

De acordo com vários autores (Krugman, 2008; Eichengreen e Sachs, 2005; Kindleberger e Aliber, 2005), um dos factores fundamentais para a magnificação dos efeitos das crises financeiras é o denominado *pânico auto-alimentado*, que se traduz num um processo circular e cumulativo, de deterioração financeira e declínio da confiança, de que o colapso financeiro constituiu um dos aspectos, se bem que um dos mais importantes.

Na verdade, em final de 1997, já havia uma sensação de crise generalizada por toda a região do sudeste asiático, englobando a Tailândia, a Malásia e a Indonésia. E se os casos da Tailândia e da Malásia não causavam grandes surpresas devido aos erros de política macroeconómica e aos défices crescentes, o caso da Indonésia, que mantinha uma base macroeconómica relativamente saudável, já era mais complexo de entender (Krugman, 2008).

Mas a verdade é que em apenas três meses, a Indonésia já estava em pior forma do que o resto do sudeste asiático, a caminho de uma das maiores crises da história mundial, que já tinha também alastrado para economias mais longínquas, como era o caso da Coreia do Sul, com um PIB que era o dobro do da Indonésia e três vezes maior do que o da Tailândia.

Existem, naturalmente, sólidas razões para o contágio económico: se há um grau elevado de integração comercial, ou financeira, ou ambas, entre duas economias, é natural que sofram em simultâneo benesses e malefícios. Era o que acontecia na Ásia (e é o que acontece na Europa e na América do Norte): a Tailândia e a Malásia tinham intensas trocas comerciais e ambas vendiam produtos para os mesmos países, pelo que as actuações a nível monetário e cambial afectavam mutuamente os dois países. No entanto, embora possa ter sido importante para as duas economias referidas, não fazia sentido quando se pensava no gigante sul-coreano, muito maior, mais independente e longínquo.

Uma outra força de contágio mais poderosa pode ter tido origem nos laços financeiros, directos ou indirectos: não havia grandes investimentos mútuos entre a Tailândia e a Coreia do Sul, mas os fluxos de capital para a região eram canalizados através de fundos internacionais[24], gerados com base nas economias emergentes, que ligavam todos os países da região.

Mas, ainda mais importante do que esta associação mecânica, era a forma como as economias asiáticas estavam associadas na cabeça dos investidores, cujo apetite tinha sido estimulado pela percepção de um 'milagre asiático generalizado'[25]. Como refere Krugman (2008), o que todos aqueles países tinham em comum era a susceptibilidade ao pânico auto-alimentado, apesar das diferenças entre as economias. Nos quatro países em causa, a quebra de confiança dos mercados gerou um ciclo

---

[24] Veja-se, a propósito, a descrição que um dos principais gestores de *Hedge Funds*, George Soros (2008), faz da crise de crédito de 2008 e das suas implicações.

[25] E, se um país afinal não era assim tão fantástico, era natural que isso se reflectisse nos outros. Os economistas do FMI teriam toda a informação estatística para considerar a Indonésia um caso diferente dos outros, mas o investidor comum não tinha a certeza disso, e por precaução, retirou a sua aposta do país.

vicioso de colapso económico e financeiro. Não era importante que os laços entre as economias em causa fossem fracos, em termos de fluxos físicos de bens; o que era relevante era que aqueles países estavam intimamente relacionados nas mentes dos investidores, que consideravam as dificuldades de uma economia asiática como más notícias para todas as outras.

E o problema é que aquelas economias tinham aumentado a sua vulnerabilidade quando abriram os seus mercados financeiros, e tiraram proveito do aumento da sua credibilidade internacional para conseguir financiamentos do exterior, aumentando a sua dívida, o que intensificou os receios de fraca confiança dos investidores, que começaram a deixar posições nas moedas locais, precipitando o colapso financeiro, já que as novas dívidas, ao contrário das anteriores, eram em dólares (Wolf, 2008).

Em suma, o pânico pode ser apenas isso, uma reacção irracional por parte dos investidores que não é justificada pelos acontecimentos reais. Mais importante na vida económica é, no entanto, o tipo de pânico que se valida a si próprio: o pânico em si torna o pânico justificado[26]. A grande questão é que poucos se aperceberam do poder destes efeitos cumulativos e da explosão que podia gerar esta lógica de crise circular, pois torna-se difícil acreditar que uma economia de mercado, estável, possa estar tão vulnerável a este tipo de situações. Mas, efectivamente, estão, e foi assim que a crise se propagou (Shiller, 2006).

Um outro problema é que os ataques especulativos, como são auto-alimentativos, podem fazer perigar todas as tentativas de resolução da crise. Ou seja, a política económica seguida, por muito adequada e pertinente que seja para resolver o problema em causa, não é suficiente para assegurar a confiança do mercado. E a necessidade de ganhar essa confiança pode mesmo impedir um país de conceber políticas económicas que fariam mais sentido para a sua realidade, e força-lo a implementar políticas que poderão mesmo ser perversas (Stiglitz, 2002). Esta é uma das explicações mais fundamentadas para responder ao porquê do fracasso das polí-

---

[26] O exemplo clássico é uma corrida aos depósitos bancários: quando todos os depositantes tentam retirar os seus haveres do banco, este é forçado a vender todos os seus activos a preços muito baixos, provocando a falência da instituição. E, a parte mais perversa, é que os depositantes que não entraram inicialmente em pânico, acabam por ser os mais prejudicados.

ticas governamentais seguidas nos vários países asiáticos durante a crise do final dos anos 1990, com resultados desastrosos. Os decisores políticos acreditaram que tinham de jogar o jogo da confiança, o que significou implementar políticas macroeconómicas que exacerbaram a recessão em vez de a combater.

V
A CRISE ACTUAL: ORIGEM E DINÂMICAS

"The FED's job is to take away the punch bowl as the party keeps going"[27]

V.1. Incerteza na Origem

No que respeita à actual crise, o foco de análise estava, de início, quase exclusivamente centrado na regulação de mercado e na supervisão das instituições financeiras, negligenciando as causas macroeconómicas fundamentais da crise.

As principais hipóteses apontavam para o facto da crise de *subprime* actual poder ser devida a uma deficiência, ou mesmo ausência, de mecanismos de regulação, não do sector bancário, mas do para-bancário, que cresceu a partir dos anos 1990 nos EUA, efectuando operações cada vez mais arriscadas, em nome de maior rentabilidade. E, na verdade, a complexidade crescente dos sistemas financeiros actuais tornou cada vez mais difícil às instituições económicas, com destaque para os bancos centrais ou entidades supervisoras, estar a par da incessante inovação nos mercados financeiros.

Por outro lado, a teoria económica diz-nos que as medidas para a maior parte das crises económicas, nomeadamente recessões e/ou depressões, passam por uma redução nas taxas de juro e pela expansão orçamental, sob a forma de consumo público adicional ou por abaixamento de impostos. Mas a recessão de 2008 é diferente, porque não é devida apenas

---

[27] Frase atribuída a William McChesney Martin, presidente da Reserva Federal norte-americana, entre 1952 e 1969, a propósito da oportunidade das acções da *Fed*.

à quebra de procura, nem unicamente aos elevados preços da energia, embora os preços do petróleo e de outras *commodities* estivessem espectacularmente elevados no verão de 2008, antes de iniciarem uma descida sustentada (Shiller, 2006; Akerlof e Shiller, 2008; Krugman, 2008). A principal ameaça para a resolução desta crise é, efectivamente, uma crise de crédito, o que dificulta, ou mesmo impossibilita, um retorno ao pleno emprego se a mesma persistir.

Os problemas no sector financeiro não são, obviamente, novos, mas, em várias situações anteriores, não tinham tido um impacto macroeconómico significativo. Pelo contrário, nesta crise em concreto, o colapso do sistema financeiro está a envolver a economia no seu conjunto.

E, em grande medida, pelo facto das alterações verificadas no sistema financeiro o terem modificado substancialmente. Antes desta revolução, na sua maior parte, os que originavam os empréstimos, mantinham-nos no seu *portfolio*. Mas os proponentes desta nova *alquimia financeira* descobriram novas formas de rentabilizar as dívidas, securizando-as, e dividindo-as.

V.2. Mais Uma Vez, as Bolhas

Como já referimos no Capítulo I, os anos de 1990 testemunharam a consolidação da economia norte-americana como primeira e mais competitiva economia do mundo, graças, entre outros factores, ao sucesso e ao potencial de geração de lucro das sofisticadas empresas ligadas à exploração das novas tecnologias da informação e das comunicações, as denominadas *dotcom*. Aparentemente, as fases de estagnação no crescimento económico estavam definitivamente ultrapassadas. E, entre outras consequências, esse optimismo contribuiu, naturalmente, para a valorização das acções daquelas entidades cotadas em bolsa.

Em 1987, a Administração Reagan decidiu destituir Paul Volcker como Presidente da *Fed* e designar Alan Greenspan como seu substituto. Como é sabido, Volcker tinha conseguido gerir a política monetária numa altura muito difícil, controlando a inflação nos difíceis anos da década de 1980, e pautando a sua actuação pela convicção de que os mercados deveriam ser regulados, o que era contrário às teses neoliberais. A postura de Greenspan é, consideravelmente, diferente, sendo um partidário da política monetária de *bening neglect*, que, de acordo com vários analistas, terá alimentado a formação das bolhas tecnológica e imobiliária, pela inundação de liquidez permitida ao sistema económico.

E à medida que os preços das acções iam subindo, iam-se auto-alimentando, por um efeito de contágio, sendo um número crescente de fundos direccionados para o mercado de acções, levando à subida contínua do preço das mesmas. A bolha parecia aumentar, indefinidamente.

Mas, obviamente, existia um limite. Como a história já tinha demonstrado por várias vezes[28], as bolhas especulativas acabam inevitavelmente por esvaziar, arrastando para a recessão as economias em que se manifestavam com maior pujança. Como Robert Shiller evidenciou, uma bolha accionista é uma espécie de *Esquema de Ponzi*, que funciona enquanto se encontrar ingénuos para enganar. Mas esses também desaparecem, e tudo colapsa. No caso das acções, o pico fez-se sentir no verão de 2000, e nos dois anos seguintes o valor médio caiu 40% (Shiller, 2006).

A Reserva Federal tentou resolver rapidamente o problema, pondo em prática uma política monetária expansionista, que levou à queda abrupta das taxas de juro, originando uma dinâmica recuperação da economia norte-americana, com excepção dos níveis de desemprego.

A quebra das taxas de juro (para valores históricos próximos de 1%) constituiu um poderoso incentivo à detenção dos habitualmente cobiçados títulos do Tesouro norte-americanos, revelando a necessidade de novos investimentos. Mas, por outro lado, essas taxas tão baixas facilitam os empréstimos dos bancos e outras instituições financeiras, a que se vêm juntar as poupanças dos países asiáticos e dos países exportadores de petróleo. A aposta dos investidores reorienta-se, assim, para os activos imobiliários, que, entretanto, se tinham tornado muito atractivos.

E começa, novamente, o princípio da formação da bolsa, agora com outro objecto. As famílias que pretendem adquirir uma habitação, procuram o sistema financeiro que, rapidamente, lhes proporciona os meios necessários para realizar o seu desejo, gerando uma hipoteca, que seria vendida a outros investidores.

Inicialmente, estes créditos eram apenas concedidos às famílias solváveis, e que faziam prova disso. Mas, à medida que os preços das casas subiam, os títulos oficiais se tornavam menos atractivos e as reduzidas

---

[28] Ver, a este propósito, Kindleberger (1976), Galbraith (1997) ou Aliber e Kindleberger (2005).

taxas de juro inundavam o mercado de crédito fácil, o negócio imobiliário tornou-se cada vez mais atraente, já que havia muitos investidores a quererem adquirir as hipotecas das famílias e cada vez mais famílias a desejarem adquirir um imóvel.

Aparentemente, o risco era muito reduzido, pois, na ausência de cumprimento por parte das famílias, o activo imobiliário servia como garantia, cada vez mais valiosa, pois os preços não paravam de subir.

E os princípios da prudência e da gestão equilibrada foram completamente abandonados, face à possibilidade de ganhos imediatos e substanciais. Por um lado, a exuberância irracional das famílias[29], que testemunhavam a subida do preço dos imóveis, e se precipitaram em novos investimentos, não cuidando das obrigações que daí adviriam. Por outro lado, houve uma grande mudança nas práticas de emprestar dinheiro, facilitada, igualmente, pela multiplicação de novos instrumentos financeiros (ver ponto *infra*). Aos compradores eram concedidos empréstimos que não requeriam qualquer pagamento inicial, com contas mensais muito acima do seu potencial de solvência, ou que assim se tornariam quando as taxas de juro subissem. Muitos destes empréstimos duvidosos receberam o nome de *subprime*, mas o processo, como se veio a verificar, era muito abrangente, e, naturalmente, mais perigoso para a estabilidade do sistema financeiro no seu conjunto e para a própria actividade económica.

V.3. A Criatividade e as Modificações no Sistema Financeiro

Uma das mais importantes questões que envolve esta crise passa pela incapacidade de os agentes económicos terem percebido o que estava a acontecer e o potencial de agravamento da situação, tal como já tinha acontecido nas crises que analisámos no Capítulo II.

Neste caso, destacaríamos dois factores para a persistência da exuberância: existia uma crença generalizada, não desmentida pela política monetária vigente, que os preços dos activos imobiliários iriam continuar a subir, e portanto o risco de perdas de capital era muito reduzido, mesmo em caso de incumprimento. Mais importante ainda, os emprestadores não

---

[29] Ver, a propósito do abandono dos princípios tradicionais da prudência e da escalada da exuberância para além dos limites do razoável, Shiller (2006).

se preocupavam com a qualidade dos empréstimos concedidos às famílias, porque não ficavam com eles, vendia-nos a outros investidores, que não sabiam o que estavam a adquirir.

Na prática, a grande inovação de todo o processo que gerou a crise financeira foi a securitização das hipotecas imobiliárias, que passava pela constituição de uma bolsa de hipotecas e pela venda aos investidores de parte dos pagamentos recebidos pelos devedores. Até à grande bolha, a securitização estava limitada às denominadas hipotecas *prime*, ou seja, a empréstimos cujos beneficiários tinham, em situação normal, rendimento suficiente para suportar o pagamento da hipoteca, sendo a constituição dos títulos de dívida conhecida pelos compradores desses títulos.

O problema foi quando surgiu uma inovação financeira que tornou a securitização das hipotecas *subprime* possível, as denominadas *Collateralized Debt Obligation* (CDO), que oferecem quotas nos pagamentos de uma bolsa de hipotecas, mas com graus de risco e de rentabilidade diferenciadas, e que são liquidadas com prioridades também diferentes, sendo as primeiras a ser pagas as que oferecem menor risco. Assim que essas hipotecas forem pagas, o dinheiro das dívidas passa para as outras, numa espécie de cascata. Naturalmente, para que todo o esquema funcionasse sem problemas, era necessária a participação das agências de *rating*, que concediam a classificação às várias camadas das *CDO*, sendo, por muitos analistas, também apontadas como grandes responsáveis pelo colapso que viria a ocorrer.

Enquanto os preços das casas se mantinham em tendência ascendente, tudo parecia correr bem, havia poucas falhas de pagamento, as hipotecas securitizadas geravam altos rendimentos e os fundos continuavam a fluir para o mercado imobiliário. E a política monetária contribuía para alimentar o ciclo, não exercendo qualquer influência sobre o funcionamento de todo o sistema, na exemplar tradição das políticas de *benign neglect*, que pressupõem uma não intervenção no desenrolar da actividade económica, principalmente no domínio monetário.

Em síntese, os produtos financeiros exóticos tornaram o mercado muito mais dinâmico, nem precisando para tal de serem sustentados por bens reais. Eram apenas promessas para pagar algo se algum evento viesse a ocorrer no futuro. Como referem Akerlof e Shiller (2009), assentando num curioso esquema de *alquimia financeira*, os investidores combinavam estes produtos de forma engenhosa, contando exorcizar o risco inerente ou, idealmente, passá-lo para o próximo.

Mas tudo tem os seus limites, mesmo a criatividade. A procura por estes produtos exóticos diminuiu e a crise do crédito eclodiu, devido, basicamente, a três razões:

➢ O colapso de um determinado modo de financiamento: naturalmente, muitas das famílias sem qualquer solvabilidade, a quem tinha sido concedido crédito hipotecário, deixaram de cumprir as suas obrigações, levando à acumulação de casas por parte das instituições financeiras, que as tentam vender no mercado. Obedecendo à lei da oferta e da procura, os mercados inundados de imóveis levam à queda abrupta dos respectivos preços, tornando a remuneração das *CDO* praticamente impossível, e a sua alienação um objectivo prosseguido por todos os detentores. A quebra dos preços dos imóveis leva à falência das famílias, a que se segue a dos detentores de *CDO*, e das instituições financeiras que se deparam com um balanço repleto de activos sem qualquer valor[30].

➢ A relação entre as perdas de capital e o grau de alavanca das mesmas (*leverage*): muitas das instituições que detinham os empréstimos (bancos de investimento, *holdings* financeiras, bancos comerciais) também tinham investido em produtos financeiros. E estavam também fortemente alavancados, agravados pela acção dos *Hedge Funds* e dos bancos de investimento, poderosos actores do que Krugman (2008) denomina o *sistema financeiro sombra* (ver *infra*).

➢ A corrida aos bancos (*Bank Run*): enquanto a economia crescia favoravelmente, os bancos concediam linhas de crédito aos seus clientes, sem grandes problemas, a partir dos depósitos que possuíam e multiplicavam. Agora, deparando com uma escassez de crédito, os depositantes requerem o seu dinheiro de volta, diminuindo ainda mais a capacidade do sistema bancário, já muito debilitado, em distribuir crédito adicional.

Um outro aspecto extremamente importante para percebermos a amplitude e consequências desta crise passa pela complexidade crescente do sistema financeiro, norte-americano e mundial, que se desdobrou em

---

[30] Estes activos ficaram conhecidos como *Activos Tóxicos*.

múltiplas, e muitas vezes, misteriosas, instituições e produtos financeiros, que funcionavam à margem da regulação aplicada ao sistema financeiro tradicional. A revogação do famoso *Glass Steagall Act*, em finais da década de 1990, tinha transformado significativamente o enquadramento da actuação das instituições financeiras, desregulamentando, quase por completo, as operações que envolviam um risco muito significativo, e abrindo o pleno caminho às actividades especulativas. Na verdade, o *Glass--Steagall Act* tinha sido aprovado em 1933, pelo Congresso norte-americano, introduzindo um conjunto de reformas no sistema bancário, que visavam regulamenta-lo (concretamente, distinguia muito claramente entre bancos comerciais e bancos de investimentos, atribuindo funções específicas a cada um), impedindo a especulação desenfreada e a assumpção de riscos incomensuráveis. Foi revogado, faseadamente, em 1980 e 1999, permitindo a multiplicação de instituições financeiras e de operações de complexidade e transparência inéditas.

E, como refere Krugman (2008), o grande problema do colapso do sistema financeiro americano não esteve nos bancos tradicionais, mas no sistema para-bancário (ou *sistema sombra*), um conjunto de instituições financeiras, que recolhem depósitos, se financiam nos mercados de capitais e fazem investimentos de altíssimo risco.

Na prática, desempenham todo o tipo de acções características da banca tradicional, sem estarem sujeitas às regras de regulação de um banco tradicional. A escala de activos possuídos pelos não-bancos, de elevado risco, grande maturidade e ilíquidos, financiados por dívidas de curto prazo, tornaram muitos dos veículos e instituições neste sistema financeiro paralelo vulneráveis a um clássico risco de fuga dos investidores, mas sem disporem da protecção, como os seguros de depósito, que o sistema bancário dispõe para reduzir esse tipo de riscos.

Tal contexto deixa-lhes margem de manobra para executar operações muito mais arriscadas, logo com maior rentabilidade, o que as torna atractivas para os investidores. Mas, ao não estarem sujeitas à regulação que impende sobre a banca tradicional, também não beneficiam da rede de protecção dos bancos[31].

---

[31] Como referem Akerlof e Shiller (2009), trata-se de uma situação semelhante ao que aconteceu aos *trusts* norte-americano, durante o grande pânico de 1907.

Este sistema para-bancário teve uma importância decisiva na disseminação da crise financeira que eclodiu em 2008, já que os empréstimos *subprime* não eram feitos por bancos que depois os mantinham, mas por outras entidades, que rapidamente os vendiam a instituições financeiras que, por seu turno, os dividiam por várias hipotecas, no famoso esquema das *CDO*. Na prática, a gestão das dívidas era feita por entidades que não detinham nem os recursos, nem os incentivos para fazer a reestruturação dos referidos empréstimos, agravando os efeitos da escassez de crédito que já se fazia sentir.

O problema é que até à eclosão da crise de 2008, pouca gente sabia qual era a importância real deste sistema sombra, o que levou Timothy Geithner, presidente do Banco Federal de Nova Iorque e futuro Secretário de Estado do Tesouro dos EUA sob a Administração Obama, a dizer que a estrutura do sistema financeiro tinha mudado consideravelmente durante o *boom* económico, com um crescimento dramático da parte de activos fora do tradicional sistema bancário. Este sistema para-bancário tornou-se muito grande, particularmente nos mercados monetário e de fundos.

A grande bolha imobiliária nos EUA começou a desinflacionar em 2005, embora a sua repercussão sobre o público tenha demorado mais tempo. À medida que os preços foram subindo, a compra de casas ficou fora do alcance de muitas famílias, e as vendas começaram a abrandar. No entanto, e dadas as características do mercado, os preços ainda subiram durante algum tempo, mesmo depois das vendas terem decaído. No entanto, em meados de 2006, a fraqueza do mercado começou afunda-lo, e os preços começaram a descer, primeiro lentamente, depois de forma rápida.

E as situações de incumprimento começaram a acumular-se, neste contexto, gerando situações complicadas, não apenas para o dono da casa, mas também para quem lhe emprestou o dinheiro.

Na prática, a gestão das dívidas era feita por entidades que não detinham, nem os recursos, nem os incentivos para fazer a reestruturação dos referidos empréstimos. E acresce, ainda, a complexidade da engenharia financeira que suportava o *subprime*, que deixou as hipotecas dispersas por grande número de investidores, com vários graus de senioridade (*CDO*), criando um conjunto de enormes obstáculos legais a qualquer tipo de perdão da dívida. Ou seja, a reestruturação da dívida significava uma falência ainda mais dispendiosa. E tal significava que as seguranças oferecidas pelas hipotecas *subprime* se tornaram em investimentos de fraca qualidade à medida que o *boom* imobiliário começara a desinflacionar.

O primeiro grande sinal de alarme surgiu no início de 2007, quando os problemas com os empréstimos *subprime* se tornaram mais aparentes. Como as *CDO* estabeleciam prioridade no pagamento das dívidas, as menos cotadas significavam um risco de incumprimento muito grande. Na prática, tal significou o fim do processo dos empréstimos *subprime*: como ninguém comprava as *CDO* cotadas como *juniores*, já não era possível reestrutura-las e vende-las como empréstimos *subprime*, pelo que o financiamento se desvaneceu. O que, eliminando uma fonte de procura, agravou a quebra do mercado imobiliário.

Gradualmente, porém, a quebra chegou às *CDO* cotadas como *seniores*, já que, como se veio a comprovar, a escala da bolha era incomensurável. Ao nível nacional, o imobiliário estava valorizado em cerca de 50%, o que significava que teria de haver uma drástica quebra dos preços, deixando muitos investidores com perdas líquidas de capital, e, principalmente, assumindo-se o risco de tal constatação poder desencadear o colapso do sistema bancário sombra ou para-bancário.

V.4. A crise do sistema-sombra

Quando os investidores no sistema sombra começam, ou ameaçam começar, a retirar os seus fundos destes mercados, o sistema torna-se vulnerável a uma espécie de ciclo auto-reforçado ou retirada forçada de activos, que aumentam ainda mais a volatilidade e baixam os preços de uma variedade de activos, retirando o financiamento a alguns clientes, e forçando a uma ainda maior *desalavancagem*.

As 'almofadas' de capital erodem-se, à medida que os activos são vendidos em mercados perturbados. A força de toda esta dinâmica é exacerbada pela má qualidade dos activos, em particular os que estão relacionados com hipotecas, que estavam disseminados por todo o sistema. Tal ajuda a explicar como é que uma quantidade relativamente pequena de activos com risco significativo foi capaz de minar a confiança dos investidores e de outros participantes no mercado (Krugman, 2008).

Tudo isto, na prática, acaba por obedecer à mesma lógica de *desalavancagem* que levou ao agravamento das crises monetárias e financeiras na Ásia em 1997 e 1998. Os jogadores fortemente alavancados sofreram perdas significativas, o que os levou a praticar acções que geraram ainda mais perdas. Neste caso concreto, as perdas ocorreram através do colapso do valor de activos financeiros arriscados em vez do colapso do valor das moedas nacionais, como na Indonésia ou na Argentina, mas o processo foi basicamente o mesmo (Wolf, 2007).

E o resultado de todo este processo foi uma massiva fuga dos bancos, o que causou o colapso do sistema para-bancário, de forma semelhante ao que tinha acontecido ao sistema bancário nos anos 1930. Alguns emprestadores conseguiram não ser afectados pelo colapso do sistema para-bancário recorrendo aos bancos tradicionais, o que provocou, de forma algo perversa, uma expansão do crédito, que não compensou, de forma nenhuma, o colapso do para-bancário.

E a seguir, seguiu-se o crédito ao consumo, que caiu abruptamente, significando o golpe de misericórdia em todo o processo. Por todo o sistema económico norte-americano, empresas e indivíduos estavam a perder acesso ao crédito, enquanto outros se encontravam a pagar elevadas taxas de juro, mesmo com a Reserva Federal a tentar baixar as taxas directoras. Como refere Krugman (2008), uma armadilha monetária, ao estilo japonês, estava a acontecer nos EUA.

VI
DESAFIOS DA AGENDA INTERNACIONAL

*"Some say the world will end in fire,
Some say in ice..."*[32]

VI.1. Uma Nova Globalização?

Apesar dos sinais encorajadores dos últimos meses, a economia mundial atravessou os dois últimos anos (2008 e 2009) com mais incertezas e ansiedade do que em qualquer época da memória recente. Os países desenvolvidos enfrentaram o pior período de contracção económica desde a *Grande Depressão* dos anos 1930. Em Abril de 2009, Eichengreen e O'Rourke defendiam com evidência empírica, que a crise actual se reveste, nalguns aspectos, de maior severidade do que a *Grande Depressão* dos anos 1930, ilustrando factores como o declínio na produção industrial, a queda nos principais mercados bolsistas ou a intensidade na desaceleração das trocas comerciais. E, como alertavam os autores, nós estamos, oficialmente, a viver o primeiro ano da crise económica global, enquanto, no período da *Grande Depressão*, a economia mundial decresceu durante três anos consecutivos. E outros autores partilham de idêntica opinião quanto à amplitude e intensidade da crise actual (Caballero, 2009; Acemoglu, 2009 ou Reinhart e Rogoff, 2008a, 2008b).

Como vimos anteriormente, existe um conjunto de factores na dinâmica das relações económicas internacionais, que não sendo necessariamente inovadores, desfrutaram de um contexto específico para amplifica-

---

[32] "Fire and Ice", in ***You Come Too***, 1916; Poems by Robert Frost. (http://www.poemhunter.com/poem/fire-and-ice/).

rem os seus efeitos, com destaque para a liberalização, praticamente sem restrições, dos movimentos de capitais a nível mundial (como paradigma da globalização financeira).

Neste contexto, a combinação de uma forte procura internacional por activos considerados seguros, como os títulos da dívida pública norte-americana, em grande medida relacionados com a acumulação de *superavits* correntes nas economias emergentes e nos países exportadores de petróleo, com um ambiente de incentivos económicos perversos e uma deficiente regulação, levaram à situação explosiva que se está a manifestar.

No entanto, as complexas inter-relações no sistema global ainda dissimularam os efeitos da crise, e durante muito tempo, existia a percepção de que se teria verificado um fracasso colectivo na identificação das ligações entre os desequilíbrios globais nos pagamentos internacionais e a procura por activos financeiros presumivelmente seguros (Caballero, 2009). Neste contexto, o bloqueio do sistema financeiro, derivado da crise do *subprime*, era perspectivado basicamente como um fenómeno EUA-UE. No entanto, agora é claro que o crescimento económico desacelarou substancialmente em todas as regiões do globo, desde Setembro de 2008, com o impacto da crise a manifestar-se sobre várias economias, de diferentes níveis de desenvolvimento económico e localizadas em diversos pontos do globo.

Os mercados emergentes foram imediatamente afectados pelo aumento da aversão ao risco e a súbita paragem dos afluxos de capitais, tendo o choque sido especialmente intenso para os países importadores de capitais, nomeadamente na Europa Central e Oriental, agravando desequilíbrios já existentes e apelando à assistência por parte do FMI. Mais uma vez, a elevada volatilidade dos fluxos internacionais de capitais provou ser um poderoso factor no efeito de propagação da crise, tornando-a intrinsecamente global.

O comércio internacional também se revelou como um importante canal de transmissão da crise, especialmente para os países do Extremo Oriente, cujas exportações para a América do Norte e para a Europa representam cerca de 12% do respectivo PIB (OMC, 2009). O comércio funcionou assim, não apenas como um vector de contágio, mas como acelerador da quebra do produto, já que vários países asiáticos registaram quebras nas suas exportações superiores a 10% no período de um ano (OMC, 2009). O exemplo mais paradigmático é, naturalmente, o da economia chinesa, já que os desenvolvimentos na China poderão ocasionar consequências mais profundas e duradouras num contexto político mais abrangente. A China é um país com enormes clivagens e tensões dissimuladas, que podem emergir e resultar em conflito aberto em tempos económicos difíceis, já que a desaceleração do crescimento económico dos seus parceiros na economia mundial terá repercussões sérias sobre o crescimento económico chinês, altamente dependente da procura externa.

Na verdade, como refere Rodrik (2009), a experiência mostra que as democracias têm supremacia sobre os regimes autoritários quando o que está em causa é a capacidade de gerir os efeitos colaterais adversos das crises.

Para além das especificidades dos mecanismos de transmissão, a crise tornou claro que, apesar da integração regional e da emergência de novos poderes económicos, a economia global não apresenta robustez suficiente para enfrentar este tipo de eventos.

Um outro aspecto importante tem a ver com as consequências desta crise e das medidas que estão a ser empreendidas para a sua resolução poderão ter sobre o processo de globalização no seu conjunto. Neste contexto, o tipo de respostas que estão a ser providenciadas pelas economias nacionais e pelas instituições internacionais é decisivo. Entre essas respostas, assume especial importância a problemática desencadeada pelas intervenções dos poderes públicos na actividade económica. Em todos os países afectados pela crise, a participação pública no sector privado tem vindo a aumentar de forma substancial nos últimos meses: dos 50 maiores bancos nos EUA e na UE, 23 e 15, respectivamente, receberam injecções públicas de capital, o que significa que os contribuintes estão a sustentar bancos que representavam, antes da crise, 76% e 40% da capitalização bolsista (FMI, 2009).

Outros sectores, com destaque para a indústria automóvel e para as seguradoras, também receberam assistência pública, o que acabará por afectar o comportamento de empresas anteriormente globais. Efectivamente, esta crise está a desafiar as práticas habituais das empresas globais, que, nos últimos 25 anos, decidiam as suas opções de localização em função dos custos e da qualificação do factor trabalho. Foram, neste contexto, fortemente afectadas com a queda dos bancos, também globais, que as suportavam. Como referem Pisany-Ferry e Santos (2009), grande parte das empresas transnacionais viram-se na contingência de identificar qual dos governos as iria salvar. Nalguns casos, os governos responderam de forma cooperativa (exemplos dos governos francês e belga no resgate do *Bank*

Dexia), mas noutros houve mesmo uma junção de forças transfronteiriça (o caso do *Fortis*, uma instituição belga-holandesa).

Tais acontecimentos evidenciaram que não só as instituições de supervisão e regulação são inadequados para o modelo de actuação transnacional dos agentes económicos, como apenas os governos nacionais detinham os recursos orçamentais necessários para resgatar as instituições financeiras. O grande problema, como referem Pisany-Ferry e Santos (2009), é que a ajuda pública arrisca tornar as empresas globais em campeões nacionais. São inúmeros os exemplos: o enviesamento francês em direcção ao emprego local no caso da indústria automóvel (incitando a *Peugeot* a encerrar a fábrica na Eslovénia), o incitamento dos EUA ao *'Buy American'*, no pacote de estímulo, ou a frase emblemática de Gordon Brown, *'British jobs for British workers'* são, do nosso ponto de vista, suficientes. Actualmente, não seria possível voltarmos a ouvir afirmações como as de Manfred Wennemer, em 2005, CEO da Continental, um dos maiores fabricantes mundiais de pneus que, justificando os despedimentos na fábrica de Hannover, referia: "*A minha obrigação é para os meus 80.000 trabalhadores, no mundo inteiro.*" (Pisany-Ferry e Santos, 2009).

E, finalmente, as respostas nacionais à crise podem levar a um processo de fragmentação económica e financeira, guiado pela implementação de um conjunto de práticas proteccionistas. É consensual que, em vários países, os governos estão a pedir aos bancos para continuar a emprestar aos consumidores e empresas nacionais, enquanto o crédito continua a ser fortemente racionado nos mercados externos. Como as empresas dos países emergentes e menos desenvolvidos dependem em grande medida do crédito externo para financiar as suas actividades, tais procedimentos tornam-nas extremamente vulneráveis ao denominado proteccionismo financeiro. Para além disso, a ajuda governamental (guiada por uma preocupação legítima de manter o emprego nacional), manifesta preferências explícitas pela economia doméstica. Na verdade, apesar do compromisso do *G-20*, na sua reunião de Novembro de 2008, de não incentivar o proteccionismo, as tarifas têm vindo a aumentar sustentadamente em vários países. O grande desafio é que as empresas podem ser globais, mas a governança (e, nomeadamente, a arrecadação de receita fiscal) continua a ser local (Silva, 2002).

Nesta fase, é prematuro afirmar se estas mudanças são apenas reacções de curto prazo a um choque significativo, ou se representam novas, e algo preocupantes, tendências de actuação nas relações económicas internacionais. No mínimo, o que podemos constatar é que o equilíbrio entre as forças políticas e económicas se alterou consideravelmente. Se a intervenção dos poderes públicos na actividade económica era tímida, e fortemente desincentivada nos tempos fulgurantes da economia global, os ventos rumam, ao tempo em que escrevemos, claramente, numa direcção oposta.

VI.2. Novos Desafios à Capacidade de Reinvenção do Capitalismo

Como refere Rodrik (2008), aqueles que prevêem a morte do capitalismo têm de lidar com um facto historicamente importante: o capitalismo tem uma capacidade quase ilimitada de se reeinventar, e a sua maleabilidade é a razão que lhe permitiu ultrapassar períodos de crise ao longo dos séculos e sobreviver às críticas que foram sendo colocadas. A verdadeira questão não é, assim, se o capitalismo consegue sobreviver, mas se existirá liderança capaz de o levar à sua próxima fase, à medida que emergimos da crise actual.

A evidência sugere que as reformas dos enquadramentos regulatórios e de supervisão são apenas uma parte da necessária resposta à crise, sendo fundamental relacionar as convulsões dos sistemas financeiros e as suas repercussões sobre a economia global com as modificações porque tem passado o capitalismo mundial ao longo dos últimos 150 anos. A história do capitalismo tem sido um processo de aprendizagem e reaprendizagem destas questões. No início do século XX, o capitalismo era governado por uma visão limitada do que as instituições públicas precisavam de fazer para o defender. Na prática, o alcance dos governos foi muito para além desta concepção, mas os governos continuaram a ver o seu papel em termos restritos.

Os compromissos entre o globalismo e o nacionalismo, e entre a reforma social e o mercado, permitiram às economias ocidentais crescer rapidamente e de forma estável depois da II Grande Guerra. Tal começou a mudar à medida que as sociedades se tornaram mais democráticas, e com o aparecimento dos sindicatos e de outros grupos, que se mobilizaram contra os abusos do capitalismo. As políticas anti-concorrenciais começaram a aparecer nos EUA, e a pertinência e utilidade das políticas monetária e orçamental tornaram-se amplamente aceites na sequência da Grande Depressão, nos anos 1930. A percentagem de gastos públicos no rendimento nacional cresceu rapidamente nos actuais países industrializados, passando, de uma média inferior a 10% no final do século XIX, para mais de 20%, antes da II Grande Guerra (Maddison, 2006). E, no período do pós-Guerra, a maioria dos países pôs em prática um conjunto de políticas sociais destinadas a promover a reconstrução das respectivas economias, pelo que a participação do sector público cresceu, em média, para mais de 40% do rendimento nacional (Hobsbawn, 1994).

Este modelo de economia mista foi o feito supremo do século XX, sendo que o novo equilíbrio que se estabeleceu entre Estado e mercado criou as condições para um período sem precedentes de coesão social, estabilidade e prosperidade nas economias avançadas, que durou até meados dos anos 1970, começou a desgastar-se nos anos 1980 e parecia ter-se desvanecido, tudo devido ao avanço do processo de globalização. E a justificação é relativamente simples: a economia mista do pós-guerra foi construída e gerida ao nível dos Estados, mantendo à distância a economia internacional.

O regime de Bretton Woods implicava uma forma superficial de integração económica internacional, que exigia o controlo das entradas de capitais internacionais, que Keynes e os seus seguidores consideravam fundamentais para a gestão da economia doméstica (Rodrik, 2008).

Aos países era exigido que assumissem apenas uma liberalização comercial limitada, com muitas excepções em sectores socialmente sensíveis (agricultura, têxteis, serviços), o que os deixou livres para construírem as suas próprias versões de capitalismo nacional, desde que obedecessem a poucas e simples regras internacionais. Mas esses compromissos erodiram à medida que as economias se foram tornando cada vez mais integradas, especialmente depois dos países em desenvolvimento e das economias de planeamento central se juntarem à ordem económica internacional.

A actual crise mostra como nos afastámos desse modelo. A globalização, especialmente na sua vertente financeira, lançou a confusão com as regras antigas. Como refere Rodrik (2009), quando o capitalismo chinês se encontrou com o norte-americano, com poucas válvulas de segurança a funcionar, o resultado foi explosivo, já que não foi assegurada a necessidade urgente de evitar a combinação profundamente recessiva da diminuição dos fluxos de capitais, para os países em desenvolvimento e emergentes, com a acumulação de grande quantidade de reservas internacionais. Grande parte das economias emergentes tem vindo a sofrer de uma repentina paragem nos influxos de capital, com consequências devastadoras, principalmente na Europa Central e Oriental, podendo contribuir para uma tentação ainda maior de aumentar as já extraordinárias reservas dos países asiáticos e exportadores de petróleo, ao mesmo tempo que se continuaria a alimentar o já exorbitante défice corrente dos EUA, minando ainda mais a confiança, já de si tão débil, gerando um pânico auto-alimentado que acaba por corromper os fundamentos do sistema.

O problema é que não existiam, ou não funcionaram, mecanismos de protecção para impedir que o excesso de liquidez global se desenvolvesse, o que, em combinação com as falhas das autoridades reguladoras norte-americanas, acabou por produzir um espectacular *boom* e *crash* imobiliário, não existindo barreiras internacionais que impedissem esta crise de se espalhar a partir do epicentro da economia norte-americana.

VI.3. O Papel dos EUA na Economia Mundial: As Tarefas de um (Não) Líder

A relação dos EUA com a economia mundial não é, de modo nenhum, pacífica, existindo habitualmente um mal estar generalizado face à globalização. Naturalmente, tal facto não seria causador de grande perturbação na economia mundial, não fosse a circunstância de os EUA serem a maior economia do mundo, e, fundamentalmente, emissores da primeira moeda do mundo, como meio de pagamento.

Os norte-americanos estão habituados a todo o tipo de pressão, nomeadamente das indústrias e grupos afectados por ameaças externas, nos domínios do comércio, finanças e investimento internacionais, o que levou a fortíssimas tendências proteccionistas. No entanto, se tal foi verdade até ao início da II Guerra Mundial, actualmente a maior parte da comunidade empresarial norte-americana está solidamente a favor da integração económica internacional. Se bem que permaneçam, naturalmente, algumas pressões no sentido do proteccionismo, estas são muito menos importantes, politicamente, do que foram no passado.

No entanto, uma importante característica da economia política norte-americana actual é o que o resto do mundo pensa dos desequilíbrios macroeconómicos globais, já que constitui uma importante parte da forma como os EUA interagem com a economia mundial. Duas componentes desses desequilíbrios – a situação orçamental e os afluxos de capital provenientes do exterior – desempenharam um papel fundamental na expansão económica norte-americana. Estes afluxos, entre outros aspectos, ajudaram a manter o dólar forte, o que não teria acontecido noutras circunstâncias.

O dólar forte tem estado associado, ao longo dos últimos 10-12 anos, com aumentos dos preços dos bens não transaccionáveis, especialmente os preços dos imóveis. A expansão do mercado imobiliário também contribuiu, por seu turno, para sentimento generalizado de prosperidade que mitigou alguma da insatisfação prevalecente no que toca à distribuição, profundamente desigual, de rendimentos entre os cidadãos. O *boom* imobiliário permitiu a muitos americanos terem acesso ao crédito, com base no aumento de valor dos seus imóveis. Estas inter-relações também tiveram oportunidade de se desenvolver, dado que o substancial afluxo de capitais externos permitiu a redução dos impostos e das taxas de juro.

Em suma, o estado actual da economia norte-americana e da sua economia política está relacionado com os afluxos de capitais. Os desequilíbrios actuais são, tudo indica, insustentáveis, o que implica uma redução no consumo, um aumento das poupanças internas e um declínio da taxa de câmbio do dólar, exactamente o contrário do que aconteceu nos últimos anos. E foi o que se viu, com a queda do preço dos imóveis. Qualquer que seja o cenário, tal irá criar tensões na macroeconomia norte-americana, já que quando os EUA tiverem de viver de acordo com as suas posses, a postura face à globalização certamente irá sofrer revezes.

Cabe aqui invocar Kindleberger (1986), que, ao analisar as causas da *Grande Depressão* dos anos 1930, salienta a demissão dos EUA em assumir o papel, e as inerentes responsabilidades, de país líder do sistema económico mundial, ao contrário do que o Reino Unido tinha feito no século XIX, até 1913. Entre as responsabilidades a assumir, estariam a definição de regras de conduta para todos os países e meios para assegurar o seu cumprimento; aceitar parte não proporcional dos encargos do sistema; e, fundamentalmente, assegurar o apoio aos restantes países em situação adversa, mesmo que tal significasse aceitar *commodities* de pouco valor ou utilidade, manter fluxos sustentados de capital internacional e assegurar a emissão e convertibilidade da primeira moeda do mundo. Em síntese, assegurar que o bem público que representa a estabilidade do sistema económico e monetário internacional (invocando a teoria da estabilidade hegemónica) é fornecido pelas posturas e decisões consentâneas da economia líder em cada momento histórico (Kindleberger, 1986).

VI.4. Os Receios do Retorno do Proteccionismo: A Dificuldade em Conciliar *Keynes em Casa e Smith para o Exterior*

Quase todas as declarações dos líderes políticos mundiais, nos tempos que correm, com destaque para os presentes no *G-20* (nas reuniões de Novembro de 2008 e Abril de 2009), apelam à necessidade de não ceder às tentações de novas medidas proteccionistas, como forma de resistir à crise económica global.

Tais apelos são, efectivamente, muito salutares, pois significam, se levados em consideração, que as lições de 1930 não teriam sido esquecidas, nomeadamente o perigo, e também a inutilidade, das políticas económicas de *'beggar thy neighbour*[33]', consideradas profundamente predadoras do comércio internacional e das relações económicas internacionais, em geral.

Para combater um surto de proteccionismo, com elevada probabilidade de acontecer, são requeridas medidas, quer ao nível interno, quer internacional. Na prática, o que os líderes mundiais poderão fazer é tentar implementar um *mix* de *Praticar Keynes em Casa e Smith para o Exterior*. A crise financeira global e a ameaça de uma severa e prolongada recessão levaram ao abandono das ortodoxias contemporâneas, nomeadamente o neoliberalismo, e a uma ressurgência da teoria keynesiana, já que, por todo o mundo, os governos tomaram medidas para estimular as suas economias domésticas, recorrendo à redução de impostos, aumento da despesa pública, naturalmente, à custa de défices orçamentais crescentes, que procuram agora, desesperadamente, reduzir.

Mas esta reabilitação, temporária ou permanente, dos princípios keynesianos envolve alguns riscos, já que poderia levar à percepção generalizada de que os governos deverão ser mais intervencionistas, e proteger as 'suas' economias do excesso do capitalismo global.

Por outras palavras, *Praticar Keynes em Casa* poderá levar a maiores dificuldades para *Implementar Smith com o Exterior*. Dificilmente assistiremos a um ressurgimento das estratégias *Tit for Tat*[34] dos anos 1930, mas

---

[33] Referimo-nos aqui às denominadas políticas de *beggar-thy-neighbor* (empobrece o teu vizinho, literalmente), que, assentando na desvalorização da moeda nacional, levam à compressão das importações e à quebra das receitas de exportação dos parceiros comerciais.

[34] No contexto da *Teoria dos Jogos*, ilustra o caso de jogadas sucessivas do *Dilema do Prisioneiro*, em que a disposição inicial dos agentes para um comportamento cooperativo pode modificar-se se os restantes jogadores não actuarem em consonância, gerando um processo de retaliações sucessivas.

existe uma considerável margem de manobra para aplicação de políticas proteccionistas, mais ou menos subtis. Neste contexto, o compromisso do *G-20*, em Novembro de 2008, de evitar levantar barreiras ao investimento e ao comércio de bens, impor novas restrições às exportações ou implementar medidas contrárias aos princípios da OMC parece-nos insuficiente. Partilhamos totalmente da opinião de Pisany-Ferry e Santos (2009), quando referem que o compromisso do *G-20* acima referido deixa uma via completamente aberta ao proteccionismo, apesar de algumas vantagens temporárias que tal postura possa acarretar.

Um outro factor importante para a resolução da crise é a concepção de programas nacionais de estímulo que suportem o processo de globalização, e não o minem. Até à data, e compreensivelmente, quase todos os programas de estímulo tendem a favorecer medidas que apoiam indústrias e obras com conteúdo local, como é o caso das infraestruturas. Tal é perfeitamente legal, e até certo ponto, inevitável, uma vez que os governos são responsáveis perante os contribuintes nacionais, que querem benefícios da injecção de dinheiro público. Mas tal postura não é eficiente, já que o sector de bens transaccionáveis, a par da construção, é um dos mais afectados pela crise actual. O *G-20* deveria, assim, acordar num conjunto de princípios que respeitem aos conteúdos nacionais dos programas de estímulo, nomeadamente os que potencialmente poderão causar efeitos mais distorsivos sobre a liberalização dos mercados.

VI.5. A Procura de uma Nova Ordem Monetária Internacional: As Lições de Bretton Woods

Nos tempos idos de 1994, como parte integrante dos Acordos de Bretton Woods, foi estabelecida uma nova ordem mundial, visando atingir um conjunto de objectivos: prevenir e limitar os desequilíbrios e a desordem induzida pela liberalização dos movimentos de capitais dos anos 1920 e dos anos 1930; restaurar a autonomia na condução da política económica; liberalizar os fluxos internacionais de comércio, o que implicava, entre outros aspectos, desafiar as políticas proteccionistas levadas a cabo pelos EUA e pelo Reino Unido (este último no contexto da rede formada pelos países da *Commonwealth* (Pettifor, 2003).

Na verdade, a reorganização internacional das relações políticas e económicas é sobejamente conhecida. O princípio do multilateralismo traduziu o paradigma de implementar, em tempos de paz, as premissas de cooperação que tinham levado os países aliados a vencer a Segunda Guerra Mundial. Para além disso, no contexto do ambiente de crescente tensão derivado da recém-instalada Guerra Fria, as Instituições de Bretton Woods são também perspectivadas como um símbolo da união e da resistência do mundo livre às ameaças soviética e chinesa da altura. Mais tarde, nos anos 1960, aquelas instituições ver-se-ão a braços com a complexa tarefa de integrar, de forma harmoniosa, um número considerável de economias em desenvolvimento nas suas estruturas, em resultados da modificação na ordem económica internacional, derivadas, entre outros factores, da realização da *Conferência de Bandung* e da constituição do *Movimento dos Não Alinhados*.

O objectivo era colocar o sistema mundial, nas suas vertentes monetária, financeira e comercial numa base organizada. Uma preocupação central era a necessidade de proporcionar um mecanismo para a transferência de recursos financeiros dos países mais industrializados para os países mais desfavorecidos ou desestruturados, de forma a promover a reconstrução e o desenvolvimento destes últimos.

No entanto, passados mais de 60 anos, o balanço da actuação das instituições internacionais como protagonistas na resolução das crises monetárias e financeiras mundiais também não pode ser considerado particularmente satisfatório.

O FMI não conseguiu afirmar-se como fornecedor de liquidez suficiente para assegurar o crescimento do comércio mundial e de outras transacções, ou para garantir a estabilidade nas balanças de pagamentos dos vários países, quando sujeitos a choques externos violentos. Apesar da criação dos Direitos de Saque Especial (DSE), em 1969, para aumentar a liquidez internacional, com o colapso do sistema de taxas de câmbio fixas, em 1971, o FMI abandonou as suas funções de assegurar a estabilidade do sistema monetário e cambial internacional (CEPAL, 2003).

Como refere Pettifor (2003), o FMI centrou os seus esforços em tentar gerir, muitas vezes de forma inadequada, as consequências dos referidos choques globais, com destaque para os choques petrolíferos dos anos 1970, a crise da dívida dos anos 1980 e a turbulência provocada pela transição das economias da Europa de Leste para o sistema de mercado ao longo dos anos 1990. Para além disso, como resultado directo do seu papel de financiador nos países em desenvolvimento, o FMI tornou-se o principal instrumento de reforço de disciplina na aplicação de políticas económicas restritivas, os famosos *Programas de Ajustamento Estrutural*, com consequências nem sempre favoráveis sobre as economias em causa. Na prática, o FMI passou a maior parte do seu tempo a tentar prevenir a eclosão do tipo de procedimentos monetários e comerciais não cooperativos que levaram à *Grande Depressão* dos anos 1930 e à intensa e global crise económica que se seguiu.

Por outro lado, a função principal do Banco Mundial era agir como intermediário nos mercados internacionais de capital, de modo a conseguir canalizar recursos para financiar os processos de desenvolvimento económico dos países menos prósperos. No entanto, o Banco Mundial não conseguiu mobilizar a quantidade suficiente de recursos face às necessidades existentes.

A ideia instalada é a de que, dado o risco cambial inerente a vários instrumentos financeiros disponibilizados pelo Banco Mundial, acaba por ser mais barato o financiamento recorrendo a outras fontes (entretanto multiplicadas pelo próprio processo de globalização financeira), ainda por cima não condicionadas (Stiglitz, 2002).

Ainda, muitas das actividades desenvolvidas pelo Banco Mundial, e também pelo FMI, foram concebidas de modo a assegurar o pagamento da dívida por parte dos países em desenvolvimento, em prol dos credores dos países mais desenvolvidos, o que aumentou a influência destes últimos na definição e imposição de determinadas políticas económicas (Lelart, 1997).

Finalmente, a OMC, e antes dela o GATT, tenta organizar, numa perspectiva multilateral, as preferências comerciais concedidas pelos vários países, de modo a evitar o regresso do proteccionismo. Para um número significativo de analistas económicos e políticos, a OMC é um fórum que representa, basicamente, os interesses e as prioridades das economias mais ricas e influentes na cena internacional, sob a égide do multilateralismo, quando estas últimas raramente aplicaram, em idênticas circunstâncias, as políticas macroeconómicas que recomendam aos países em desenvolvimento. Atente-se nas palavras de Joseph Stiglitz, que, em matéria de política comercial, nomeadamente no que respeita à utilização de instrumentos proteccionistas no comércio internacional, aconselha os países em desenvolvimento a fazerem como os EUA fazem, e não como os EUA recomendam (Stiglitz, 2002). No original, "(...) *Do as the US does, not as the US says*".

Não questionamos, naturalmente, o papel do Sistema de Bretton Woods na construção de uma ordem monetária internacional, sustentada e impulsionadora do crescimento e desenvolvimento económico. Como refere Eichengreen (2008), o sistema monetário internacional é a cola que mantém unidas as economias nacionais, desempenhando de forma eficaz as suas funções tradicionais, como imprimir ordem aos mercados cambiais, fornecer a liquidez indispensável às relações económicas internacionais ou ajudar a corrigir os problemas das balanças de pagamentos. E os acordos assinados em Bretton Woods, em 1944, pelas principais potências económicas e comerciais da época, visavam exactamente os objectivos acima referidos.

No entanto, partilhamos da opinião de vários autores (Eichengreen, 2008), quando os mesmos referem que o funcionamento do sistema ficou muito aquém das expectativas nele colocadas. Sapir refere mesmo que o sistema de Bretton Woods representava um compromisso dúbio, com muitas dificuldades intrínsecas em ser cumprido, mas que se tornara inevitável dadas as relações de força à escala internacional registadas na época. Como é sabido, a discussão foi marcada pelo confronto entre as posições norte-americanas, defendidas por Harry White, e as britânicas, assumidas por John Maynard Keynes, tendo assumido maior relevância as primeiras.

Na verdade, Keynes tinha sérias dúvidas sobre a sustentabilidade do sistema, principalmente a partir do momento em que fossem flexibilizados os controlos sobre os movimentos de capitais. E as consequências da crise financeira dos anos 1930 tinham alertado Keynes para a importância fundamental de alimentar o sistema monetário com a liquidez suficiente, pelo que a sua oposição a qualquer forma de padrão-ouro era total, o que implicava que nem o ouro nem nenhuma moeda em particular deveriam estar na base de qualquer sistema monetário internacional. Daí a sua proposta de criação do *bancor*, a moeda internacional, que viria a ser rejeitada pelos norte-americanos, interessados em fazer prevalecer a hegemonia do dólar. Keynes tinha sido um feroz crítico do *Gold Exchange Standard*, tendo defendido, desde 1938, uma moeda internacional, a que deu o nome de *bancor*, definida, mas não convertível, em ouro ou outro metal reconhecido como padrão monetário. Para Keynes, esta moeda seria estritamente uma moeda bancária, gerida por um organismo mundial dependente das Nações Unidas, pelo que propunha a constituição de um banco de pagamentos internacionais, que creditaria directamente os bancos centrais dos países membros em *bancor*, em função das necessidades. A ideia do *bancor* foi recuperada, de alguma forma, com a constituição dos Direitos de

Saque Especial (DSE), em 1969, uma verdadeira moeda internacional, criada com o objectivo de fornecer liquidez às relações económicas internacionais.

Keynes defendia também, ao contrário da posição de White, que tanto os países devedores, como os credores, deviam ser igualmente penalizados, de modo a não fazer incidir a responsabilidade do ajustamento exclusivamente sobre os países com défices nas balanças de pagamentos, o que induziria a políticas predadoras no comércio internacional. Estas medidas deveriam ser suportadas por controles aos movimentos internacionais de capitais e mesmo por um liberalismo controlado nas trocas comerciais entre os países membros, o que se verificou, pelo menos nos primeiros anos de funcionamento do sistema, até finais da década de 1950 (Eichengreen, 2008).

E, na verdade, foi quando o sistema começou efectivamente a ser aplicado, a partir de 1958, com a extinção da União Europeia de Pagamentos (UEP) que os problemas começaram a emergir, revelando as fragilidades estruturais do sistema, que levariam à sua destruição, nomeadamente a ruptura do laço entre o dólar e o ouro, em 1971, e o abandono do sistema de taxas de câmbios fixas e a passagem generalizada para os regimes cambiais flutuantes a partir de 1973. Na verdade, a UEP traduzia uma arquitectura monetária internacional que visava desenvolver as relações económicas entre os países membros, diminuindo as pressões sobre as respectivas moedas. Na prática, funcionava como um sistema de regulação entre os vários países, caracterizado por um forte controlo sobre os capitais e as transacções cambiais, e onde apenas os saldos no final do período deveriam ser pagos em divisas, precisamente para evitar as já referidas pressões. A UEP correspondia, grosso modo (mas não totalmente), às ideias, derrotadas, de Keynes, aquando da discussão do modelo de Bretton Woods (Costa, 2004; Sapir, 2008). Constituiu, nos oito anos em que funcionou, um sucesso económico considerável para os intervenientes, com destaque para a França e para a Itália (Eichengreen, 2008).

Vários autores, com os quais nos identificamos, defendem que o Sistema de Bretton Woods só começou, em pleno, a aplicar as suas premissas básicas, nomeadamente a liberdade de circulação de capitais e a abolição das barreiras às trocas comerciais, a partir de 1958, com o fim da UEP, coincidindo também com o início do declínio da economia norte-americana, o agravamento dos seus problemas macroeconómicos (derivados, entre outros factores, do aumento da despesa pública para financiar as despesas da Guerra do Vietname e o programa social do Presidente Lyndon Johnson), e as consequentes tensões no sistema monetário internacional, com destaque para o conflito entre os EUA e a França. A contestação mundial crescente à hegemonia monetária dos EUA, acusados de se apropriarem das prerrogativas de emissores da principal moeda de referência para resolverem os seus problemas internos, levou à queda do sistema, que, tal como previra Keynes em 1944, não dispunha de um emprestador mundial de última instância, disponível para subjugar a resolução dos seus problemas internos à estabilidade internacional (Kindleberger, 1986; Kindleberger e Aliber, 2005; Eichengreen, 2008).

Esta pequena resenha histórica pretendeu pôr em evidência algumas das principais limitações que são apontadas à capacidade de actuação destas organizações em contexto de crise generalizada, como é o momento actual. Entre as soluções apontadas, salientam-se a necessidade de reforçar substancialmente as dotações financeiras das instituições em causa, com destaque para o FMI, e aliviar o princípio da condicionalidade na concessão da ajuda. É igualmente aconselhável tornar as instituições financeiras internacionais mais representativas da realidade actual. A recente reforma das quotas no seio do FMI não foi, claramente, suficiente para assegurar uma representação equitativa das economias emergente, pelo que uma reforma da governança global deverá estar novamente na agenda. Esta mudança, que implicaria, entre outros aspectos, a redução do número de representantes europeus e a renúncia por parte dos EUA ao direito de veto, será mais fácil de atingir se o debate sobre a redistribuição de poder for colocado num contexto mais vasto (Pisany-Ferry, 2008).

Finalmente, seria importante reconhecer a importância crescente de outras organizações, mais ou menos formais, como *G-20* ou o *Forum para a Estabilidade Financeira*[35], como agentes pugnando por um ambiente regulatório focalizado no consenso e multilateralismo possíveis. Até à data, consideramos que a eficácia destes organismos, principalmente o *G-20*, tem sido bastante reduzida, como o demonstram os resultados das várias reuniões (Novembro de 2008 e Abril de 2009), onde são feitas propostas destinadas a enaltecer a cooperação internacional, a regulação, a transparência e a integridade dos mercados financeiros, ao mesmo tempo que se

---

[35] Na sequência da reunião do *G-20*, em 2 de Abril de 2009, o Fórum passa a ser designado por Conselho para a Estabilidade Financeira.

defende o princípio indefectível da liberalização financeira total, um dos principais vectores que conduziu às práticas que se pretendem regulamentar e que estão na base da actual crise (Pisany-Ferry, 2008).

VI.6. E a Europa?

"European Integration is born in crisis and builds upon them".

Jean Monnet

Os processos de integração económica e monetária europeus, concretizados no Mercado Interno e na União Económica Europeia (UEM), consubstanciavam um projecto de grande envergadura, assente no princípio da livre circulação para quatro elementos fundamentais: mercadorias, pessoas, serviços e capitais e na introdução de uma moeda única. A complexidade e interacção dos vários efeitos provocados pelo aprofundamento da integração naqueles domínios traduziu-se na redistribuição da actividade empresarial no seio da União Europeia (UE), enfatizando o papel da concorrência entre agentes económicos e o primado da competitividade. Dadas as diferenças que caracterizam os vários países e regiões do espaço comunitário, as repercussões dessa especialização não serão as mesmas para todos os envolvidos, podendo prejudicar a coesão da UE no seu conjunto. Por outro lado, as restrições que a participação na *zona euro* impendem sobre algumas das principais políticas macro-económicas fazem sentir a necessidade de encontrar meios de ajustamento alternativos que, em grande medida, ainda não estão disponíveis. Naturalmente, existe o euro, a representação económica do único grande sucesso político europeu ao longo das duas últimas décadas.

Efectivamente, a análise de alguns indicadores revela, claramente, que, apesar de constituir um dos blocos mais prósperos a nível internacional, a UE apresenta uma paisagem caracterizada por elevadas disparidades no nível de vida e de desenvolvimento dos países e regiões que a compõe[36].

---

[36] O PIB per capita holandês, em 2008, é quase duas vezes superior ao PIB per capita português, enquanto um habitante da região de Londres terá um poder de compra cerca de 13 vezes superior ao de alguém que habite nas regiões mais deprimidas da Bulgária (Eurostat, 2009).

Essas disparidades têm vindo a acentuar-se com os sucessivos alargamentos a que foi sendo sujeito o espaço comunitário, já que, em cada um desses alargamentos, foi sempre um dos novos Estados-Membros a ocupar o último lugar na escala de rendimentos, com excepção do alargamento registado em 1995, em que entraram para o conjunto comunitário a Áustria, a Finlândia e a Suécia, países com uma prosperidade económica bastante acima do conjunto da UE. Estes elementos chamam claramente a atenção para a necessidade de manutenção, ou mesmo reforço, da prioridade atribuída às políticas de coesão, já que ficou demonstrada a sua relevância ao longo do processo de integração (Costa, 2004).

As potencialidades da economia e política europeias serão claramente maximizadas se for adoptada uma óptica que privilegie a integração das economias no seu conjunto, que assente numa real coordenação de políticas económicas entre os Estados-Membros, tendo sempre presente o princípio da Solidariedade entre os mesmos. Na verdade, e como refere Fitoussi (1994): *"(...) É a Solidariedade que diferencia uma Comunidade de uma Zona de Comércio Livre"*[37].

A *construção monetária europeia*

No que concerne em particular do processo de integração monetária, a sua arquitectura, origem e evolução ao longo dos últimos dez anos, também terão contribuído para o agravamento das dificuldades por que passa a zona euro no seu conjunto, e os membros mais frágeis, em particular. A União Económica e Monetária (UEM) europeia foi construída com base num pressuposto fundamental e ilusório: o de que seria suficiente definir um conjunto de requisitos, fundamentalmente de ordem monetária e financeira (critérios de referência para as taxas de inflação, taxas de juro, contas públicas e estabilidade cambial), os famosos *Critérios de Convergência*, para assegurar que um grupo de países, profundamente heterogéneos em termos de desenvolvimento sócio-económico e mesmo práticas de política económica, estivessem em condições de suportar o choque provocado pela introdução de uma moeda comum. Nunca existiu nenhuma

---

[37] *In*: Fitoussi, Jean-Paul, ed., (1994), *Entre Convergences et Intérêts Nationaux: l'Europe,* Paris, Presses de la FNSP, Coll. Reférences/OFCE, p. 25.

preocupação explícita, quer por parte dos países mais desenvolvidos, quer por parte dos mais frágeis, com questões relacionadas com níveis de desemprego, produtividade, retornos do capital humano ou factores de competitividade. O simples cumprimento dos critérios seria suficiente para assegurar a denominada convergência real, a identidade de padrões de vida.

Ora, se as diferenças entre os países passaram despercebidas em momentos de crescimento económico, como aconteceu com os primeiros anos de vida do euro, mesmo com a constante valorização do euro a minar a competitividade da zona no seu conjunto, a emergência da crise global mostrou as dificuldades estruturais em definir políticas económicas comuns para realidades com necessidades e objectivos diferentes. E esse é o principal problema da *zona euro*: os países participantes abdicaram de um conjunto de instrumentos de política económica (nomeadamente nos domínios monetário e cambial e, em menor escala, no domínio orçamental), sem que estivessem garantidas medidas alternativas fundamentais para responder a choques assimétricos de curto prazo, que se traduzem, no contexto actual, em fortíssimas perdas de competitividade. A UEM não dispõe de condições para a introdução, equilibrada, de uma moeda comum a todos os seus membros. Muito menos quando essa moeda revelou, particularmente entre 2002 e 2008, uma persistente trajectória no sentido da valorização face a outras moedas de referência do sistema monetário internacional.

Ao longo dos anos de existência da UEM, tem persistido o debate sobre os custos e benefícios de uma moeda comum entre os vários países europeus, subsistindo a dúvida de determinar até que ponto a actual zona euro constitui uma zona monetária óptima (Mundell, 1994), ou seja, um espaço que reúne condições para a circulação de uma moeda comum. De acordo com a literatura (Costa, 2004; Baldwin e Wyplosz, 2004), as vantagens de uma união económica e monetária englobam factores como a eliminação do risco cambial (face ao desaparecimento da volatilidade das taxas de câmbio), a redução dos custos de transacção, uma maior transparência de preços e um mais eficiente funcionamento do mercado interno. Entre os principais custos, é de realçar a perda de um importante instrumento de política económica, a política cambial, e as fortes limitações que derivam da passagem da política monetária para uma entidade supranacional, o Sistema Europeu de Bancos Centrais, cuja entidade fundamental, o Banco Central Europeu, é responsável pela definição de uma política monetária para o conjunto da zona euro. Por outro lado, e à luz dos critérios de optimalidade definidos por Mundell para a constituição de uma zona monetária óptima, a zona euro não constitui, efectivamente, um espaço óptimo do ponto de vista monetário, já que os mecanismos de substituição das políticas cambial e, em menor escala, da monetária e orçamental (mobilidade dos factores de produção, nomeadamente do factor trabalho; características estruturais comuns às várias economias; orçamento comunitário devidamente dimensionado; transferência automática de recursos entre países e regiões) não existem ou são sub-dimensionados face às necessidades.

A turbulência actual no mercado de títulos soberanos gregos, bem como a crescente pressão sobre os títulos espanhóis e portugueses, não é coincidência, mas um sintoma dessa verdade fundamental: A *zona euro* não é uma zona monetária óptima. Um conjunto significativo de pesquisas académicas mostram que desde a introdução do euro em 1999, os países periféricos da UEM não só não conseguiram alcançar a convergência real para os países da união do núcleo, mas, pelo contrário, têm divergido mais. A participação desses países na *zona euro* dotou-os de uma falsa sensação de segurança financeira, impedindo-os de prosseguir impopulares, mas necessárias, reformas fiscais e estruturais. Isso causou perdas de competitividade substancial levando a insustentáveis dívidas, pública e externa. Tendo sofrido um colapso económico em 2009, mais profundo do que o experimentado pelos Estados Unidos, a economia da Europa está preparada para uma recuperação muito mais lenta – se se pode chamar isso. O Fundo Monetário Internacional estima que a zona euro venha a crescer apenas 1% em 2010 ano e 1,5% em 2011, em comparação com 3,1 e 2,6% para os EUA no mesmo período. O próprio Japão, mergulhado numa profunda crise económica desde a década de 1990, deverá crescer mais rapidamente do que a Europa. Na verdade, o crescimento europeu é limitado por problemas de dívidas e preocupações sobre a solvência de vários Estados Membros da *zona euro*, com a Grécia em destaque (mas com sinais de alerta dirigidos também a Portugal, Espanha e Itália), altamente endividados. O raciocínio parece ser que o crescimento exige a confiança do mercado, que, por sua vez, exige contenção fiscal. Como defende a Chanceler alemã, Angela Merkel, o crescimento económico não pode repousar sobre elevados défices orçamentais do Estado.

Os PIGS

O acrónimo *PIGS* (Portugal, Itália, Grécia e Espanha) ou *PIIGS* (se juntarmos a Irlanda), é muitas vezes utilizado de forma pejorativa para designar um conjunto de países, associados maioritariamente à localização geográfica das margens do Mediterrâneo, caracterizados por uma estrutural instabilidade em matéria financeira e monetária, a que se associa um permanente défice de produtividade. Estes países têm estado, nos últimos meses, sob fogo cerrado da acção dos especuladores financeiros e das agências internacionais de *rating*, que, de forma sistemática, desenvolvem acções para aumentar os prémios de risco sobre os respectivos títulos da dívida pública, aumentando a incerteza sobre a capacidade de solvência das economias em causa.

Especificamente, embora a situação global dos *PIGS* seja muito delicada, existem diferenças significativas entre eles que justificam uma abordagem diferenciada. A situação grega é, claramente, a mais preocupante, não só porque revela os maiores desequilíbrios orçamentais (défice e dívida pública), mas porque evidenciou um historial de falta de transparência e adulteração das contas públicas que a descredibilizou fortemente junto dos investidores internacionais. A Espanha, embora com menos desequilíbrios orçamentais e maior índice de poupança, face à Grécia, apresenta uma taxa de desemprego superior a 20% e um crescimento que se manteve à conta de uma enorme bolha imobiliária e creditícia, cuja implosão se afigura dolorosa. A Itália está em melhor forma, do ponto de vista financeiro, do que os restantes *PIGS*, e regista um progresso muito mais significativo do que os restantes países na implementação de reformas estruturais (fiscais, mercado de trabalho), para além de os seus mecanismos de supervisão bancária terem sido muito mais eficazes do que nos restantes países, protegendo o respectivo sector financeiro do descalabro verificado noutras economias.

Finalmente, Portugal. O problema não é tanto financeiro como económico. Ou seja, sem questionar a necessidade de equilibrar as contas públicas, o problema principal da economia portuguesa será a falta de competitividade estrutural, nomeadamente nos sectores transaccionáveis, sujeitos à concorrência internacional. Nós vivemos uma década de estagnação do crescimento económico praticamente desde a entrada para o euro, em 1999, com o PIB a crescer abaixo da média comunitária, comprometendo a tão necessária convergência real; com um défice permanente da balança corrente, apenas compensado parcialmente pela performance do sector turístico, revelando, entre outros aspectos, um persistente desequilíbrio no sector agro-alimentar, o que evidencia uma extraordinária ausência de preocupação com a auto-suficiência alimentar, de importância estratégica em qualquer economia, assim como a desvalorização de outras áreas de grande potencial estratégico. Com uma política de formação do capital humano que, para além de revelar uma instabilidade permanente (27 ministros da Educação em 30 anos!) evidencia uma incapacidade estratégica em perceber que na ausência de programas de desenvolvimento do potencial educativo e formativo de médio/longo prazo e correspondentes estratégias de inserção no mercado de trabalho nacional, as principais vítimas serão os níveis de produtividade dos recursos humanos e a 'fuga' dos profissionais mais qualificados, depauperando ainda mais o debilitado potencial competitivo português.

Se todos estes factores foram atenuados durante o período de abundante afluência de fundos estruturais para economia portuguesa, ainda que com um retorno medíocre face ao capital investido, a crise económica global veio demonstrar a fragilidade das bases do crescimento económico português. A entrada na *zona euro* veio evidenciar, de forma crua, todas essas realidades: depois de uma performance satisfatória no cumprimento dos critérios de convergência necessários à entrada na União Económica e Monetária, Portugal, assim como a Grécia, beneficiou de uma conjuntura extremamente favorável, com taxas de juro reduzidas e uma moeda forte e credível na cena internacional. Ao invés de tirar proveito desse contexto para introduzir as reformas estruturais (orçamentais, fiscais, mercado de trabalho, inovação, sistema educativo, funcionamento das instituições), aproveitou para aumentar substancialmente o nível de endividamento (público e privado), muitas vezes em bens de consumo corrente ou de investimento sem retorno apreciável. Naturalmente, como seria expectável, a factura está agora a pagamento.

Por outro lado, os mercados financeiros, as agências de *rating* e mesmo as grandes empresas transnacionais não são, legitimamente, instituições de caridade, agindo para satisfação das necessidades colectivas ou com preocupações sociais. Nem têm de o ser. O seu objectivo é obter a maior rentabilidade na aplicação dos respectivos recursos, e prestar contas aos accionistas. Naturalmente, o que tem de existir são mecanismos de regulação e supervisão eficazes, num contexto nacional, internacional e multilateral que refreiem as tentativas menos éticas e mais iníquas de cumprir os objectivos acima referidos. No contexto da crise financeira e global que assolou a economia mundial nos últimos três anos, as acções dos especuladores, das agências de *rating*, dos mercados, dos *hedge funds* e outros actores do mesmo cariz, foram tão reprováveis como a passividade dos actores políticos, económicos e académicos que seriam responsáveis pela regulação e supervisão do sistema, ou, pelo menos, por um acompanhamento, crítico e analítico, da evolução do mesmo.

A prossecução, nomeadamente por parte dos *PIGS*, de políticas pouco rigorosas ou credíveis, que insistam na permanência dos erros cometidos até agora e não prevejam a implementação de reformas estruturais integradas e sustentáveis, contribuirá, certamente, para ajudar os agentes de mercado já referidos a fazer as apostas mais rentáveis que conseguirem, mesmo que, para tal, seja necessário comprometer a credibilidade de países ou regiões. Da mesma forma, se esses esforços de reforma não contarem com a solidariedade, declarada e efectiva, dos países mais poderosos da cena económica mundial, poderão fracassar perante a violência da tempestade que assola os participantes no sistema económico e monetário internacional.

A situação da Grécia, de Portugal, e de outros, será reversível, embora o percurso não seja, de todo, fácil. As soluções para a recuperação da economia grega, ou portuguesa, passam por uma desvalorização acentuada da moeda nacional, para recuperar a competitividade, ou por um doloroso processo de descida dos preços internos. Ora, a primeira hipótese está fora de causa, uma vez que não existe uma moeda nacional, mas uma moeda partilhada por 16 países. Ainda, a existir essa desvalorização, para além do beneficiário principal ser a Alemanha, que já é a economia mais competitiva da região, os efeitos imediatos da mesma poderiam ser nocivos antes de serem positivos, já que acentuariam o temor de um risco de bancarrota por parte de algumas economias da zona euro. A alternativa, que está já a ser ensaiada (reduções de preços e salários, fortes cortes na despesa pública, reformas estruturais), acarreta elevados níveis de contestação social, para além de arriscar criar um clima recessivo. Por outro lado, grande parte da dívida grega é detida por instituições financeiras europeias, com destaque para os bancos alemães, que, naturalmente, irão procurar proteger o seu investimento.

Face à impossibilidade, pelo menos enquanto a Grécia, ou Portugal, se mantiverem na *zona euro*, de adoptar a primeira solução, a implementação de um conjunto de reformas que tenham como objectivo imediato a redução da despesa pública, parece ser o meio mais imediato de tentar aclamar os frémitos dos mercados. Mais uma vez, para além, naturalmente, de o êxito de tais medidas depender da estratégia e firmeza dos governos grego e português em suportar a contestação social e o provável agravamento do clima recessivo que resultarão de tais medidas, um factor crucial será o comportamento das restantes economias da *zona euro*, com destaque para a Alemanha. Efectivamente, o remédio tradicional para os países capturados no tipo de crise que a Espanha, Grécia, Portugal e Irlanda se encontram é combinar austeridade fiscal com a desvalorização da moeda. Esta última costuma proporcionar à economia um sopro de competitividade, melhora o equilíbrio externo, e reduz a perda de produção e de desemprego que acompanham os cortes fiscais. Mas a adesão destes países à *zona euro* priva-os desta ferramenta poderosa, embora, deva realçarse, e depreciação do euro em si é de interesse limitado, pois, em média, cerca de 50% do comércio é realizado dentro da zona euro, no que respeita os países mais directamente afectados.

A posição alemã e o futuro da Europa

A posição alemã tem sido de difícil compreensão para os países que estão a passar por dificuldades orçamentais, que acusam as autoridades germânicas de falta de solidariedade. Tais posições são, parcialmente, verdadeiras. A Alemanha poderia ter demonstrado uma maior compreensão perante as fragilidades de vários países, com estruturas produtivas e financeiras muito mais débeis do que as suas, em resistir aos ataques especulativos. Especialmente, quando a União Económica e Monetária actual foi concebida integralmente sob as condições exigidas pela Alemanha e quando tem sido esta uma das principais beneficiárias das externalidades positivas de uma moeda como o euro. A Europa fundou-se sobre a solidariedade e a necessidade de promover a manutenção da paz, mas tudo isso aconteceu há mais de 60 anos. Os tempos mudaram, e muito.

A Alemanha da Srª Merkel já não é a Alemanha do Sr. Köhl, em que os ideais de reconstrução económica e política do pós-guerra ainda comandavam os destinos da integração europeia. Esta Alemanha é mais pragmática, mais descomplexada, mais consciente dos seus créditos e mais-valias. Já não tem que prestar contas a ninguém, já pagou todas as suas dívidas, e agora baseia-se no poder da sua economia e na capacidade da sua força de trabalho.

No entanto, a Alemanha tem, também, grandes responsabilidades em toda a tensão que se abate desde há aguns meses sobre o conjunto da zona euro. Em primeiro lugar, a insistência na prevenção da crise através da política orçamental e da supervisão europeia serviu como pretexto para não pensar acerca da gestão da crise. Mas os incêndios ocorrem com os melhores sistemas de irrigação, e os bombeiros são necessários.

Em segundo lugar, a própria Alemanha contribuiu para o enfraquecimento do sistema de prevenção de crises. Contribuíu para a violação, sem as correspondentes sanções, do *Pacto de Estabilidade e Crescimento*, em 2003, e coligou-se com outros estados para enfraquecer a sua implementação. O problema grego poderia ter sido resolvido há muito tempo se os restantes países tivessem concordado numa auditoria às suas contas.

Ainda, e talvez fundamentalmente, a Alemanha desfrutou da sua competitividade face a outros países na zona euro, não percebendo que a correspondente falta de competitividade da Grécia e de outros países estava, na realidade, a minar a própria sustentabilidade da participação destes países na zona euro.

Finalmente, o impacto das medidas de austeridade financeira muito pronunciada pode produzir efeitos contrários aos inicialmente desejados, agravando a situação recessiva europeia, e global, especialmente se essas medidas não forem acompanhadas, quer de um forte revestimento social, protegendo os mais desfavorecidos, quer de um conjunto de reformas estruturais (mercado de trabalho, formação do capital humano, inovação e desenvolvimento tecnológico) numa perspectiva integrada, deixando de lado medidas unilaterais.

É verdade que, em ano de eleições, temos de compreender que não é fácil explicar ao eleitorado germânico a complexidade da situação. Os alemães suportaram um pesado programa de reformas para redinamizar a competitividade da sua economia; aproveitaram o anúncio de aumento do IVA para aumentar a poupança e não o consumo e conseguiram, apesar da valorização do euro, continuar a ser o maior exportador europeu e mundial. É muito difícil, do ponto de vista político, dizer a um trabalhador alemão que tem de permanecer mais dez anos no mercado de trabalho do que um trabalhador grego, e que tem de ajudar a pagar os desvarios consumistas das sociedades do sul da Europa. Mas não esqueçamos que os défices mediterrâneos também têm ajudado a alimentar os superavits germânicos. E, é preciso não esquecer, que conceber medidas que permitam a sobrevivência da economia grega, e de outras em situação idêntica, não constitui apenas um gesto natural de solidariedade, mas uma manifestação de interesse global, já que os bancos europeus (e nomeadamente os alemães) se encontram entre os principais detentores da dívida helénica e de outros países fragilizados da *zona euro*.

Além disso, a chanceler alemã Angela Merkel tomou a liberdade de sugerir que os Estados em incumprimento possam ser excluídos da zona euro. Ao fazê-lo, avançou com uma solução que não está prevista pelos tratados europeus, alertando para o risco da desestabilização de toda a região. O resultado final pode ser uma Alemanha isolada no contexto comunitário, em busca dos seus próprios interesses nacionais.

No entanto, e por muito compreensível que possa será a posição alemã, é a solidariedade que distingue uma zona de comércio livre de uma união económica. E o comportamento de vários líderes europeus ao longo dos últimos meses, tem demonstrado que, se a Europa política já não existia há algum tempo, a Europa económica corre sérios riscos de começar a desvanecer.

Mais do que tudo, a Europa terá de decidir, em definitivo, se pretende ser um actor verdadeiramente global ou ocupar um papel de segundo plano nas relações económicas e monetárias internacionais, entre os EUA e as principais economias emergentes. O grande desafio é que uma Europa económica e política à altura de tal empreendimento requer lideranças, também económicas e políticas, que parecem não existir desde há algum tempo no contexto europeu. Como referia ainda recentemente Jacques Delors, o *Senhor Europa*, "*L'Europe attend les architectes*"[38].

---

[38] Entrevista concedida ao *Le Figaro*, em 16 de Junho de 2010. http://www.lefigaro.fr/politique/2010/06/15/01002-20100615ARTFIG00681-delors-l-europe-attend-les-architectes.php

VII
CONCLUSÕES E PERSPECTIVAS

VII.I. Um Novo Modelo de Capitalismo?

As dinâmicas da economia globalizada são, aos tempos actuais, consideravelmente poderosas no processo de (des)integração das economias, o que pressupõe um reequacionamento do sistema capitalista mundial, de modo a torná-lo menos susceptível à ocorrência e aos impactos desestabilizadores das crises financeiras, já que a eliminação destas últimas se afigura como virtualmente impossível.

Como refere Rodrik (2009), tal como o capitalismo minimalista de Adam Smith foi transformado na economia mista de Keynes, precisamos de considerar a transição da versão nacional da economia mista para a equivalente global. Tal significa imaginar um melhor equilíbrio entre os mercados e as suas instituições de apoio a um nível global, exigindo, por vezes, o alargamento destas últimas para um domínio de actuação para além do contexto nacional, e o reforço da regulamentação global. Outras vezes, vai significar prevenir que os mercados se expandam para além do alcance das instituições que devem permanecer nacionais. A abordagem correcta poderá diferir de país para país, de acordo com as suas preocupações específicas (Rodrik, 2009).

Os responsáveis pela elaboração dos programas de acção têm de esquecer alguns dos ensinamentos recebidos e, principalmente, a tradicional e inútil, do nosso ponto de vista, oposição 'mercado *versus* estado' ou 'estado-nação *versus* globalização'. É necessário o ajustamento a uma nova realidade: a de que as regulamentações nacionais e os mercados internacionais estão indissoluvelmente ligados, e precisam de o estar.

Uma das prioridades actuais deverá ser no caminho da boa governança, como uma condição *sine qua non* para o desenvolvimento económico e social, tanto para os países pobres, como para os mais ricos. A governança, na prática o conjunto de políticas e instituições que regulam as interacções entre os indivíduos e os grupos na sociedade, é vista como parte dos fundamentos para o crescimento sustentado e o desenvolvimento humano.

Neste contexto, assume especial importância a definição de uma (nova) ordem monetária internacional que consiga conciliar os benefícios decorrentes do processo de globalização e de liberalização dos mercados com a estabilidade das economias nacionais, particularmente no que respeita às questões monetárias e cambiais. A evidência empírica, ao longo dos últimos 50 anos, demonstrou que a ortodoxia na rigidez das relações cambiais, propalada pelo receituário das organizações internacionais, originou consequências dramáticas sobre a estabilidade e o bem-estar económico e social de inúmeros países, desenvolvidos e em desenvolvimento, para além de provocar uma impressionante sangria de divisas na posse dos bancos centrais das economias sob pressão.

Como refere Eichengreen (2008), desde o colapso do Sistema de Bretton Woods, verificou-se uma acentuada viragem em direcção a regimes cambiais flutuantes, ou, pelo menos, ajustáveis, em grande medida em consequência das restrições sobre as políticas monetárias internas decorrentes da liberalização dos movimentos de capitais. Avaliando os impactos da coexistência, conflituosa, entre as exigências de um sistema de taxas de câmbios fixas e a integração dos mercados financeiros a nível mundial, Eichengreen defende que a flutuação cambial não será certamente o melhor dos mundos, mas traduz, pelo menos, um ambiente mais credível para a actuação de todos os agentes económicos.

E, tudo indica, os mercados emergentes, apesar das convulsões dos últimos tempos, vão continuar a crescer. Como alguns mercados têm, no seu conjunto, uma dimensão idêntica à dos EUA, o seu crescimento vai estimular o desenvolvimento, e, se isso se vier a verificar, é provável que a liquidez destes mercados venha a ser absorvida pela região onde estão inseridos, ao contrário do que aconteceu até ao presente. À medida que os mercados emergentes vão crescendo e permitindo uma eficiente afectação de capitais, o seu papel no equilíbrio global vai tornar-se mais relevante e de maior responsabilidade. Um desafio fundamental residirá na regulamentação, já que os mercados são globais, mas a regulamentação é local, pelo que se impõe uma maior coordenação a nível internacional, com, naturalmente, uma maior representatividade daqueles países nas organizações internacionais.

Neste âmbito, um outro aspecto importante a considerar será, naturalmente, a configuração e o papel a desempenhar pelas organizações ou *fora* internacionais, como o FMI, o Banco Mundial ou os grupos de países, com destaque para o *G-20*. A ascensão de países como a China, a Índia ou o Brasil, entre outros, e a consolidação das respectivas posições nos (des)equilíbrios macroeconómicos globais, aumentam as possibilidades da ocorrência de um cenário de mudança geoestratégica a nível global, reforçando a sensação de incerteza na evolução das relações económicas internacionais.

A recente decisão[39] de aumentar a dotação financeira do FMI, de modo a permitir-lhe uma intervenção mais assertiva, e de reforçar o papel dos Direitos de Saque Especial (DSE), como verdadeira moeda internacional, vem ao encontro, não só das aspirações das economias emergentes (com destaque natural para a China), mas também de todos aqueles que, na senda das ideias defendidas por Keynes em Bretton Woods, defendem uma ordem monetária internacional que não dependa exclusivamente do protagonismo de uma moeda, mas antes se funda e fortaleça na inter-relação das várias unidades monetárias afectas às economias participantes nas relações económicas internacionais.

A hegemonia do dólar, como moeda fundamental do sistema monetário internacional, tem vindo a ser posta em causa, de forma crescente, assumindo essa contestação uma maior relevância com o impacto da crise do *subprime* e da convulsão financeira que se seguiu, a que se juntam os desequilíbrios, virtualmente insustentáveis, da balança corrente norte-americana.

As pressões sobre o dólar poderão tornar-se impossíveis de gerir, levando à quebra do valor da moeda norte-americana, com consequências drásticas sobre o conjunto da economia mundial; ou se verifica a subida das taxas de juro internas dos EUA, com repercussões nefastas sobre a recuperação económica, já tão debilitada; ou se opta pela assumpção da perda do valor do dólar, com consequências sobre os activos norte-americanos detidos por investidores estrangeiros, com destaque para as economias asiáticas. Neste contexto, a China e o Japão sofreriam as maiores perdas, já que são actualmente os maiores detentores de títulos da dívida norte-americana. Em qualquer dos casos, será previsível uma diversifica-

---

[39] Na sequência da reunião do *G-20*, em início de Abril de 2009.

ção dos activos denominados em dólares para outras moedas do sistema monetário internacional.

Naturalmente, o papel da União Europeia, primeira potência comercial mundial, e da União Económica e Monetária europeia, terá de constituir um poderoso factor na equação global. Apesar das incertezas e hesitações que têm vindo a marcar a resposta europeia ao agravamento da crise financeira mundial, não podemos esquecer que o euro disputa a hegemonia mundial com o dólar norte-americano, nas funções tradicionais de uma moeda de referência do sistema monetário internacional. No entanto, apesar do sucesso da moeda europeia, que já agrupa 16 países, não é claro que a *zona euro*, um conjunto de economias nacionais com diferenças significativas entre elas, seja capaz de convergir, de forma sustentada, para uma orientação de política económica que sirva as necessidades de todos os membros, mesmo apesar do papel, supostamente congregador, do Banco Central Europeu, dadas as tensões já referidas.

Acreditamos que é necessário evitar uma confiança desmesurada nas forças de mercado para resolver todos os problemas e reforçar o apoio aos actores da economia global para lidar com o descontentamento que deriva, inevitavelmente, da mudança das condições de vida e de trabalho decorrentes do processo de globalização. Mas também é necessário evitar uma viragem em direcção à insularidade económica, e ao proteccionismo, apesar de o processo de liberalização do comércio internacional dever ser acompanhado com especial prudência, principalmente pelos efeitos sobre as economias mais frágeis em termos da respectiva inserção internacional. Na verdade, a experiência histórica diz-nos que quando eram economias em desenvolvimento, as economias mais avançadas do mundo actual seguiram muito pouco das políticas que agora recomendam, aos outros, com destaque para o livre comércio. E, na realidade, onde a disparidade é maior entre a realidade histórica e os mitos criados é precisamente no Reino Unido e nos EUA, os dois países que, mais ou menos consensualmente, assumem ser os paladinos dos mercados livres e do comércio sem obstáculos à escala mundial (Bairoch, 1993).

Tal tarefa requer uma delicada intervenção, em situações muito arriscadas, de promover um equilíbrio extremamente instável. Em primeiro lugar, construir e consolidar uma ordem económica e política internacional sustentável e integrada, eficaz e flexível no funcionamento.

Os factores de risco são muitos e consideravelmente perigosos (geopolíticos, religiosos, ideológicos), que, por princípio, se opõem a uma economia global. Os defensores de uma economia internacional aberta necessitam de trabalhar em conjunto para construir uma governança efectiva e estável para as interacções económicas internacionais.

A segunda parte da missão será criar e manter condições internas, económicas e políticas que permitam o apoio aos compromissos internacionais, o que pressupõe uma assistência específica aos grupos mais afectados, uma transição mais suave, e tudo o que for necessário para manter a estabilidade social e política interna que permita beneficiar dos frutos da integração económica internacional.

Finalmente, acreditamos (embora não tenhamos explorado especificamente essa dimensão no presente texto) que a teoria económica existente é adequada para tratar os problemas em análise, sob múltiplas perspectivas, não lhe faltando nem o sustentáculo teórico, nem o instrumental analítico, muito menos o material empírico de que necessita para conduzir as suas análises e produzir recomendações de política económica. Defendemos, partilhando integralmente da opinião de Eichengreen (2009), que o que falhou, perante a recorrência de crises durante praticamente todo o século XX, foi o predomínio da economia dedutiva sobre a indutiva (sendo que esta já parece caracterizar o início do século XXI), em que se assistiu à profusão de modelos económicos de elevadíssima sofisticação matemática, flexíveis ao ponto de permitirem inserir todas as variáveis teoricamente representativas do funcionamento das economias modernas, mas, em grande parte dos casos, ignorando completamente a realidade empírica que lhes deveria subjazer (Colander *et al*, 2009; Acemoglu, 2009).

Como refere Rodrik (2009), quando questionado sobre a magnitude da devastação provocada pela crise actual, "*Blame the economists, not Economics*".

VII.2. E depois da crise?

A crise económica vai passar, mas, naturalmente, deixará o seu legado, nomeadamente um intenso debate a nível mundial sobre ideias, em primeiro lugar, sobre o tipo de sistema económico e financeiro que deverá gerar o maior benefício para o mais elevado número de pessoas, num mundo marcado por fortíssimas desigualdades. Na prática, está em debate, no meio de acesa polémica, a ideia de que os mercados, por si só, não conseguem assegurar a prosperidade económica e o crescimento, sendo necessários outras instituições e modelos de governação, a nível mundial, regional e local.

O momento que a economia mundial ainda atravessa não reflecte apenas a pior fase do ciclo económico do pós-Guerra. Os mercados financeiros falharam nas suas missões de base (gerir o risco e afectar o capital de forma eficiente), e estes fracassos tiveram um impacto significativo no mundo inteiro. A globalização, por seu turno, ajudou a espalhar o insucesso pelo mundo inteiro.

E a grande questão é que uma recessão global exige uma resposta global. No entanto, as respostas foram, em grande medida, providenciadas à escala nacional, para estimular e regular as economias, não tendo em conta o efeito provocado noutros países. Neste contexto, a recuperação tenderá a ser mais lenta e a afectar mais países, com destaque para as economias em desenvolvimento, que não dispõem sequer dos recursos orçamentais necessários para financiar os famosos pacotes de estímulo.

Muito provavelmente, os EUA vão deixar de ser considerados, em absoluto, como *'role model'* da economia e finanças mundiais, já que costumavam desempenhar o papel *pivot* no funcionamento dos mercados globais de capital, uma vez que se acreditava que o sistema financeiro americano era o mais eficiente do mundo. Actualmente, deverá ser difícil encontrar pessoas com essa opinião.

Por outro lado, o dólar tem sido considerado como a moeda de reserva por excelência, desde a instituição do sistema monetário de Bretton Woods. Os países que detinham o dólar norte-americano faziam-no com o objectivo de construir um capital de confiança para as suas próprias moedas. No entanto, o referido dólar já não constitui uma boa reserva de valor, pela sua volatilidade e declínio tendencial.

Na verdade, o aumento sustentado do endividamento norte-americano aumentou a ansiedade em relação ao futuro do dólar, começando as pressões, nomeadamente por parte da China, a fazer-se sentir para encontrar novas moedas de reserva.

Por outro lado, o custo de lidar com a crise está a desviar fundos de outras prioridades, nomeadamente a ajuda aos países mais pobres, o que reforça o protagonismo de outros países. Nos anos mais recentes, os investimentos chineses em África, principalmente em infraestruturas, ultrapassaram o valor das verbas veiculadas para o continente por parte do Banco Mundial e do Banco Africano de Desenvolvimento, o que significa que os países africanos estão a recorrer a Pequim e não a Washington.

Em suma, é necessária uma (re)definição do papel do estado e do mercado, no sentido de os reequilibrar, e acautelar mais acontecimentos desastrosos. A própria questão da transição das economias de direcção central para o mercado fez-se de forma abrupta, violenta. Como refere Stiglitz, em grande parte dos casos passou-se Karl Marx para Milton Friedman, sem qualquer transição, com os resultados expectáveis...

Naturalmente, o próprio processo de globalização aumentou a interdependências das economias e das sociedades: para além de partilharmos um conjunto de valores, o efeito de contágio é imediato, o que significa que, para resolvermos problemas globais, é necessário existir um espírito de cooperação e confiança.

A crise actual evidenciou até que ponto as economias nacionais estão integradas, realçando a indivisibilidade do bem estar colectivo e a insustentabilidade de uma abordagem míope nos ganhos de curto prazo.

A globalização económica ultrapassou a globalização política, mas não dispomos de instituições ou mesmo de um quadro mental adequado para responder de forma colectiva. Depois de analisadas as consequências da crise asiática do final dos anos 1990, todos pugnaram por uma reforma da arquitectura financeira global. Mas tudo isso aconteceu há mais de dez anos... À medida que a economia mundial se ia recuperando do choque, o ímpeto para a reforma foi esmorecendo. A crise actual é diferente porque teve a sua origem e afectou profundamente a principal economia do mundo e os países mais desenvolvidos do planeta. Neste contexto, talvez a predisposição para as reformas seja também mais intensa.

REFERÊNCIAS BIBLIOGRÁFICAS

ACEMOGLU, Daron (2009), "The crisis of 2008: structural lessons for and from economics"; *Centre for Economic Policy Research (CEPR)*, Policy Paper n.º 28, January.
http://www.cepr.org/pubs/PolicyInsights/PolicyInsight28.pdf
(consultado em Fevereiro de 2009).

AKERLOF, George e SHILLER, Robert (2009), *Animal Spirits: How Human Psychology Drives the Economy, and Why it Matters for Global Capitalism*, Princeton University Press.

ANGELONI, Ignazio (2008), "Testing times for global financial governance", *Bruegel Essay and Lecture Series*, Essay October 2008.
http://www.bruegel.org/Public/Publication_detail.php?ID=1170&publicationID=8809
(consultado em Janeiro de 2009).

BAIROCH, Paul (2003), *Economics & World History, Myths and Paradoxes*, Ed. University of Chicago Press.

BALDWIN, Robert and WYPLOSZ, Charles (2004), *The Economics of European Integration*, Ed. MacGraw-Hill.

BERNANKE, Ben S. (2005), "The *Global Saving Glut* and the U.S. current account deficit", *Sandridge Lecture*, Virginia Association of Economics, Richmond, Virginia.
www.igloo.org/policynet/download-nocache/onlinedocs/bernankesa
(consultado em Janeiro de 2009).

BERNANKE, Ben (2004), "The Great Moderation", *Speech at the Meeting of the Eastern Economic Association*, Washington DC, February, 20th.
http://www.federalreserve.gov/BOARDDOCS/SPEECHES/2004/ 20040220/default.htm
(Consultado em Janeiro de 2009).

BERNANKE, Ben (2000), *Essays on the Great Depression*, Ed. Princeton University Press.

BHAGWATI, Jagdish (2007), *In Defense of Globalization*, Ed.Oxford University Press.

CABALLERO, Ricardo J. (2009), "A global perspective on the great financial insurance run: causes, consequences and solutions", *Notes prepared for the MIT's Economics Alumni Dinner, January, 20th*.
http://econ-www.mit.edu/files/3745
(consultado em Fevereiro de 2009).

CAPRIO, Gerard e KLINGEBIEL, Daniela (2003), "Episodes of systemic and borderline financial crises".
http://econ.worldbank.org/view.php?type=18&id=23456
(consultado em Fevereiro de 2009).

CEPAL (2003), 'Inequalities and Asymmetries in the Global Order', Chapter 3; in *Globalization and Development – Global Outlook*; CEPAL.

COATES, David (2001), *Models of Capitalism: Growth and Stagnation in the Modern Era*, Ed. Polity Press.

COHN, Theodore H. (2008), *Global Political Economy, Theory and Practice*, Ed. Pearson International Edition, 4th Edition.

COLANDER, David *et al* (2009), " The financial crisis and the systemic failure of academic economics", Kiel Institute for the World Economy, *Working-Paper* n.º 1489, February 2009.

COOPER, George (2008), *The Origin of Financial Crisis: Central Banks, Credit Bubbles and the Efficient Market Fallacy*, Ed. Harriman House Publishing.

COSTA, Carla G. (2005), *A Cultura como factor Dinamizador da Economia – Os Investimentos Portugueses no Brasil*; ISCSP.

COSTA, Carla G. (2004), *Economia e Política da Construção Europeia – Os Desafios do Processo de Integração*; Ed. Terrama.

COSTA, Carla G. (2000), "O modelo alemão e a economia social de mercado num contexto de globalização" (2000), *Informação Internacional – Análise Económica e Política*, Ministério do Planeamento; Junho, pp. 11-46.

EICHENGREEN, Barry (2009), "The last temptation of risk", *The National Interest Online*, May/June 2009 Issue.
http://www.nationalinterest.org/Article.aspx?id=21274
(consultado em Maio de 2009).

EICHENGREEN, Barry (2008), *Globalizing Capital: A History of the International Monetary System*, Ed. Princeton University Press, 2nd Edition.

EICHENGREEN, Barry (2002), " Predicting and Preventing Financial Crises: Where do We Stand? What Have We Learned?", *Kiel Week Annual Conference*, Germany, June.
http://www.econ.berkeley.edu/~eichengr/research/kielpreventionjun6-02.pdf
(consultado em Abril de 2009).

EICHENGREEN, Barry (1992), *Golden Fetters: The Gold Standard and the Great Depression, 1929-1933*, Ed. Oxford University Press.

EICHENGREEN, Barry e O'Rourke, Kevin H. (2009), "A Tale of Two Depressions", *VOX – Research based policy analysis and commentary from leading economists*.
http://www.voxeu.org/index.php?q=node/3421
(consultado em Abril de 2009).

EICHENGREEN, Barry e BORDO, Michael (2002)," Crises now and then: what lessons from the last era of financial globalization?", *National Bureau of Economic Research (NBER) Working – Papers*, n.º 8716.

EICHENGREEN, Barry e SACHS, Jeffrey (1985), " Exchange Rates and Economic Recovery in the 1930s", *The Journal of Economic History*, Vol. 45, N.º 4, pp. 925-946.

FERGUSON, Niall (2009), *A Ascensão do Dinheiro: Uma História Financeira do Mundo*, Ed. Civilização.

FMI (2009), *Statistical Appendix – Global Financial Stability Report*, International Monetary Fund.

FRIEDEN, Jeffrey (2006), *Global Capitalism: Its Fall and Rise in the Twentieth Century*, Ed. W.W. Norton & Company.

FRIEDEN, Jeffrey e LAKE, David A. (1999), *International Political Economy*, Ed. Routledge.

GALBRAITH, John K. (1997), *Crash 1929*, Ed. Gestão Plus.

GILPIN, Robert e GILPIN, Jean (2001), *Global Political Economy : Understanding the International Economic Order*, Princeton University Press.

GILPIN, Robert (1987), *The Political Economy of International Relations*, Princeton Academic Press.

GREENSPAN, Alan (2008), *The Age of Turbulence: Adventures in a New World*, Ed. Penguin.

HOBSBAWN, Eric (1994), *A Era dos Extremos: História Breve do Século XX, 1914--1991*, Ed. Presença.

KINDLEBERGER, Charles P. (1986), *The World in Depression, 1929-1933*, University of California Press.

KINDLEBERGER, Charles P. e ALIBER, *Robert* (2005), *Manias, Panics and Crashes: A History of Financial Crises*, Ed. Palgrave Macmillan, 5th edition.

KRUGMAN, Paul (2008), *The Return of Depression Economics and the Crisis of 2008*, Ed. Penguin Economics/Business.

KRUGMAN, Paul. e OBSTFELD, M. (2008), *International Economics, Theory and Policy*, 8th Edition, Pearson International Edition.

LELART, Michel (1997), *O Sistema Monetário Internacional*, Ed. Terramar.

LOPES, José S. (1996), *A Economia Portuguesa desde 1960*, Ed. Gradiva.

LUCAS, Robert (2003), "Keynote Address to the 2003 HOPE Conference: My Keynesian Education"; *History of Political Economy – Volume 36, Annual Supplement, 2004*; pp. 12-24.

MADDISON, Angus (2006), *The World Economy: A Millennial Perspective and Historical Statistics*, OECD Publishing, Development Centre Studies.

MGI (2008a), *Mapping Global Capital Markets, Fifth Report*, Mckinsey Global Institute.

MGI (2008b), *The New Power Brokers: Gaining Clout in Turbulent Markets*, Mckinsey Global Institute.

MUNDELL, Robert A. (1994), The European Monetary System 50 years after Bretton Woods: A comparison between two Systems", *mimeo*.
http://www.columbia.edu/~ram15/ABrettwds.htm
(consultado em Maio de 2009).

MINSKY, Hyman (2008), *Stabilizing an Unstable Economy*, Ed. McGraw-Hill Professional.

MISHKIN, Frederic S. (2008), *The Next Great Globalization: How Disadvantaged Nations Can Harness Their Financial Systems to Get Rich*, Ed. Princeton University Press.

OMC (2009), *International Trade Statistics – 2008*, World Trade Organization.
http://www.wto.org/english/res_e/statis_e/its2008_e/its08_toc_e.htm
(consultado em Maio de 2009).

PETTIFOR, A. (2003), *The Legacy of Globalization: Debt and Deflation*; Real World Economic Outlook; Palgrave MacMillan.

PISANY-FERRY, Jean (2009), "International governance: is the G-20 the right forum?" *Bruegel.Org Policy Contributions*, Issue 2009/05.
http://www.bruegel.org/Public/Publication_detail.php?ID=1171&publicationID=14823
(consultado em Maio de 2009).

PISANY-FERRY, Jean (2008), "Will the current crisis trigger a revival of the IMF?", *Bruegel.Org Policy Contributions*, October 2008.
http://www.bruegel.org/Public/Publication_detail.php?ID=1171&publicationID=8984
(consultado em Abril de 2009).

PISANY-FERRY, Jean e SANTOS, Indhira (2009), "Reshaping the global economy", *Bruegel.Org Policy Contributions*, Issue 2009/04.
http://www.bruegel.org/Public/Publication_detail.php?ID=1171&publicationID=14825
(consultado em Abril de 2009).

REINHART, Carmen e ROGOFF, Kenneth (2008a), " Is the US subprime crisis so different? An international historical comparison", *American Economic Review*, vol. 98, n.º 2; pp. 339-344.

REINHART, Carmen e ROGOFF, Kenneth (2008b), "This time is different: a panoramic view of eight centuries of financial crises", *National Bureau of Economic Research (NBER)*, *Working-Paper* 13882, March 2008.

RODRIK, Dani (2009), " Blaim the economists, not Economics", *Project Syndicate*.
  http://www.project-syndicate.org/commentary/rodrik29
  (consultado em Maio de 2009).
RODRIK, Dani (2008), *One Economics, Many Recipes: Globalization, Institutions and Economic Growth*, Ed. Princeton University Press.
SAPIR, Jacques (2008), "L'économie politique international de la crise et la question du 'nouveau Bretton Woods': Leçons pour des temps de crise".
  http://issuu.com/lhivic/docs/sapir_brettonwoods2/1
  (consultado em Maio de 2009).
SHILLER, Robert (2006), *Irrational Exuberance*, Ed. Broadway Press, 2nd Edition.
SILVA, Joaquim R. (2002), *Estados e Empresas na Economia Mundial*, Ed. Vulgata.
SOROS, George (2008), *O Novo Paradigma para os Mercados Financeiros: A Crise de Crédito de 2008 e as suas Implicações*, Ed. Almedina.
SPERO, Joan E. e HART, Jeffrey A. (2009), *The Politics of International Economic Relations*, Ed. Wadsworth Cengage Learning, 7th Edition.
STIGLITZ, Joseph (2009), Walls Street's Toxic Message.
  http://www.vanityfair.com/politics/features/2009/07/third-world-debt 200907?currentPage=2;
  Consultado em Novembro de 2009.
STIGLITZ, Joseph (2006), *Making Globalization Work*, W.W. Norton & Co.
STIGLITZ, Joseph (2002), *Globalization and Its Discontents*, W. W. Norton & Co.
STRANGE, Susan (1995), "Political Economy and International Relations", in *International Relations Today*, Ken Booth e Steve Smith (Eds), Ed. Polity Press/Blackwell Publishers.
TOOZE, Roger e MAY, Christopher (Eds) (2002), *Authority and Markets: Susan Strange's Writings on International Political Economy*, Ed. Palgrave Mcmillan.
WOLF, Martin (2008), *Fixing Global Finance*, Ed. John Hopkins University Press.
WOODS, Ngaire (2008), " International political economy in an age of globalization", in John Bayliss, Steve Smith e Patricia Owens (Eds), *The Globalization of World Politics*, Ed. Oxford University Press.
ZAKARIA, Fareed (2008), *O Mundo Pós-Americano*, Ed. Gradiva.

ÍNDICE

I.	Introdução	9
II.	Modificações na Economia Mundial	13
III.	A Importância dos Sistemas Financeiros	27
IV.	Factores de Risco na Estabilidade dos Sistemas Financeiros	35
V.	A Crise Actual: Origem e Dinâmicas	61
VI.	Desafios da Agenda Internacional	71
VII.	Conclusões e Perspectivas	97
VIII.	Referências Bibliográficas	105